HMH

expresiones en matemáticas

Dra. Karen C. Fuson

Observa cómo cobra vida la rana en su estanque a medida que descubres y resuelves retos matemáticos.

Descarga la aplicación *Math Worlds AR* disponible para dispositivos Android o iOs.

Grado 1

Volumen 2

This material is based upon work supported by the
National Science Foundation
under Grant Numbers
ESI-9816320, REC-9806020, and RED-935373.

Any opinions, findings, and conclusions, or recommendations expressed in this material are those of the author and do not necessarily reflect the views of the National Science Foundation.

Printed in the U.S.A.

ISBN 978-1-328-51961-0

15 2026

4500927673 A B C D E F G

Unidad 5 | Situaciones de valor posicional

LA GRAN IDEA 1 - Método de solución con números del 11 al 19

LA GRAN IDEA 2 - Hallar patrones y relaciones

Unidad 6

Comparaciones y datos

LA GRAN IDEA 1 - Representar y comparar datos

LA GRAN IDEA 2 - Tipos de problemas de comparar

Unidad 7 | Geometría, medición y partes iguales

LA GRAN IDEA 1 - Decir y escribir la hora

LA GRAN IDEA 2 - Formas y partes iguales

Geometría, medición y partes iguales (continuación)

LA GRAN IDEA 3 - Medir y ordenar por longitud

Unidad 8 | Suma de dos dígitos

LA GRAN IDEA - Sumar números de 2 dígitos

Recursos del estudiante

Dear Family:

In the previous unit, your child learned the Make a Ten strategy to find teen totals. Now, your child builds on previous knowledge to use make a ten to find an unknown partner. The Make a Ten strategy is explained below.

In a teen addition problem such as 9 + 5, children break apart the lesser number to make a ten with the greater number. Because 9 + 1 = 10, they break apart 5 into 1 + 4. Then they add the extra 4 onto 10 to find the total. A similar method is used to find unknown partners with teen totals. Children look for ways to make a ten because it is easier to add onto 10.

In the *Math Expressions* program, Make-a-Ten Cards help children use this method. Each card has a problem on the front. The back shows the answer and illustrates the Make a Ten strategy using pictures of dots. Below the pictures are corresponding numbers to help children understand how to make a ten. Practice the method with your child. As you continue to practice the Make a Ten strategy with your child, your child will become more adept at using mental math.

If you have any questions about the Make a Ten strategy, please contact me.

Sincerely,
Your child's teacher

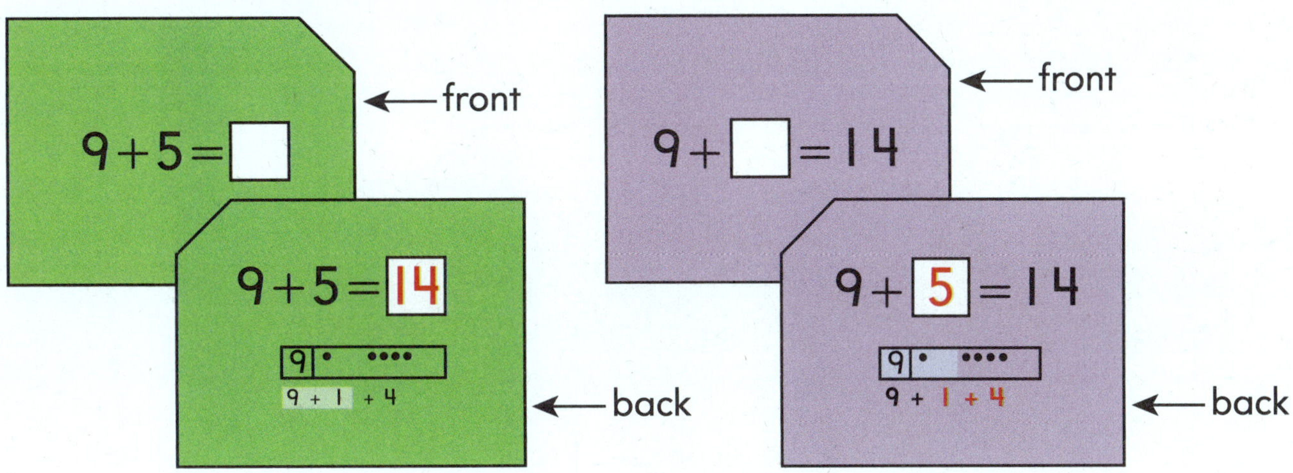

Make-a-Ten Cards

Estimada familia:

En la unidad anterior, su niño aprendió la Estrategia hacer decenas para hallar totales de números de 11 a 19. Ahora, su niño ampliará esos conocimientos previos y hará decenas para hallar una parte desconocida. La Estrategia hacer decenas se explica debajo.

En una suma con números de 11 a 19, tal como 9 + 5, los niños separan el número menor para formar una decena con el número mayor. Como 9 + 1 = 10, separan el 5 en 1 + 4. Luego suman al 10 los 4 que sobran para hallar el total. Un método semejante se usa para hallar partes desconocidas con totales de números de 11 a 19. Los niños buscan maneras de formar una decena porque es más fácil sumar con 10.

En el programa *Math Expressions* las tarjetas de hacer decenas ayudan a los niños a usar este método. Cada tarjeta tiene un problema en el frente. En el reverso se muestra la respuesta y se ilustra la Estrategia hacer decenas mediante dibujos de puntos. Debajo de los dibujos están los números correspondientes para ayudar a los niños a comprender cómo se hace una decena. Practique el método con su niño. A medida que practican la estrategia, su niño adquirirá mayor dominio del cálculo mental.

Si tiene alguna pregunta sobre la Estrategia hacer decenas, por favor comuníquese conmigo.

Atentamente,
El maestro de su niño

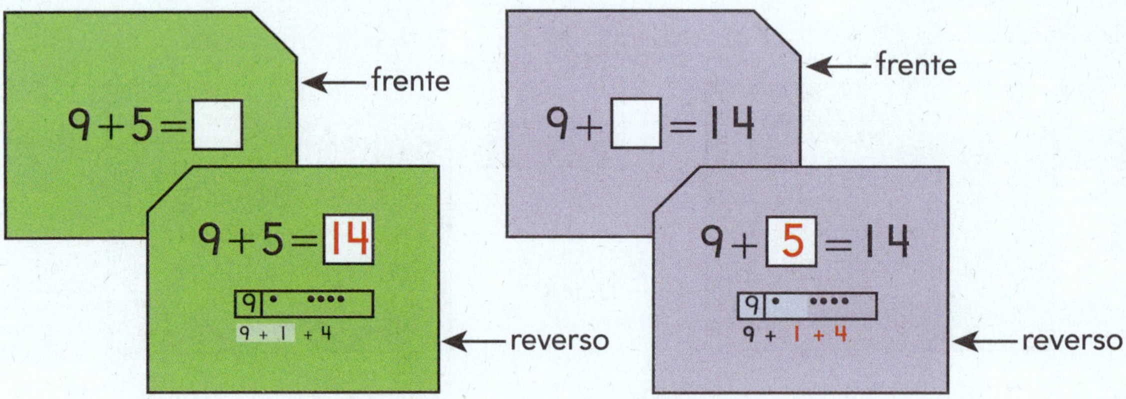

Tarjetas de hacer decenas

grupo de 10	el más largo
columna	recta numérica
cuadrícula	fila

El lápiz es el más largo.

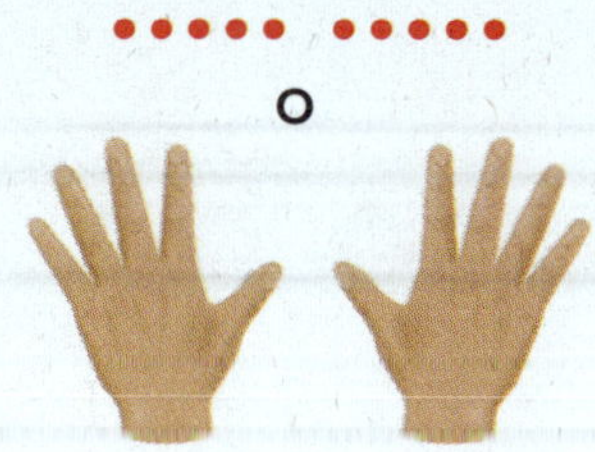

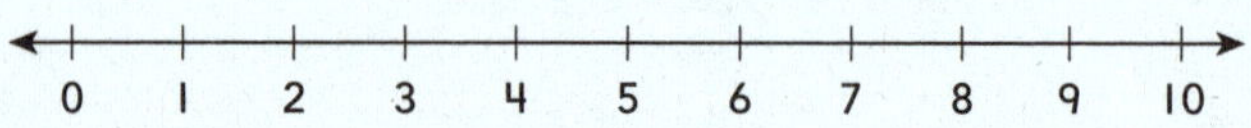

1	11	21	31	41	51	61	71	81	91
2	12	22	32	42	52	62	72	82	92
3	13	23	33	43	53	63	73	83	93
4	14	24	34	44	54	64	74	84	94
5	15	25	35	45	55	65	75	85	95
6	16	26	36	46	56	66	76	86	96
7	17	27	37	47	57	67	77	87	97
8	18	28	38	48	58	68	78	88	98
9	19	29	39	49	59	69	79	89	99
10	20	30	40	50	60	70	80	90	100

1	11	21	31	41	51	61	71	81	91
2	12	22	32	42	52	62	72	82	92
3	13	23	33	43	53	63	73	83	93
4	14	24	34	44	54	64	74	84	94
5	15	25	35	45	55	65	75	85	95
6	16	26	36	46	56	66	76	86	96
7	17	27	37	47	57	67	77	87	97
8	18	28	38	48	58	68	78	88	98
9	19	29	39	49	59	69	79	89	99
10	20	30	40	50	60	70	80	90	100

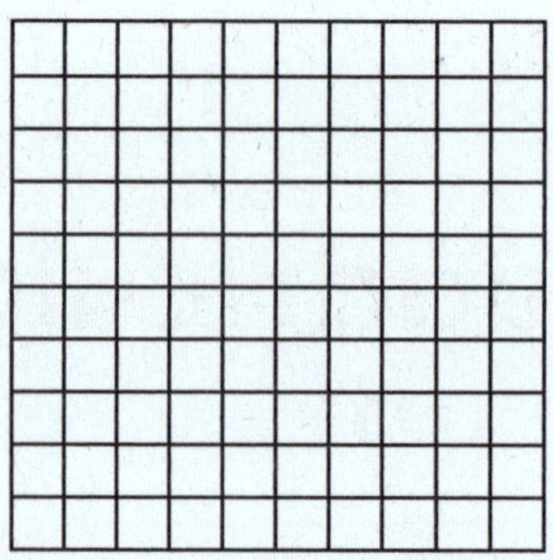

el más corto

El clip es **el más corto.**

$7 + \square = 16$	$6 + \square = 15$	$7 + \square = 11$
$8 + \square = 12$	$9 + \square = 13$	$6 + \square = 11$
$7 + \square = 12$	$8 + \square = 13$	$9 + \square = 14$
$5 + \square = 11$	$9 + \square = 18$	$7 + \square = 13$
$8 + \square = 14$	$9 + \square = 15$	$4 + \square = 11$

7 + 4 = 11

7 + 3 + 1

6 + 9 = 15

6 + 4 + 5

7 + 9 = 16

7 + 3 + 6

6 + 5 = 11

6 + 4 + 1

9 + 4 = 13

9 + 1 + 3

8 + 4 = 12

8 + 2 + 2

9 + 5 = 14

9 + 1 + 4

8 + 5 = 13

8 + 2 + 3

7 + 5 = 12

7 + 3 + 2

7 + 6 = 13

7 + 3 + 3

9 + 9 = 18

9 + 1 + 8

5 + 6 = 11

5 + 5 + 1

4 + 7 = 11

4 + 6 + 1

9 + 6 = 15

9 + 1 + 5

8 + 6 = 14

8 + 2 + 4

$5 + \square = 12$	$6 + \square = 13$	$8 + \square = 17$
$8 + \square = 15$	$9 + \square = 16$	$3 + \square = 11$
$4 + \square = 12$	$5 + \square = 13$	$6 + \square = 14$
$7 + \square = 15$	$8 + \square = 16$	$9 + \square = 17$
$3 + \square = 12$	$4 + \square = 13$	$5 + \square = 14$

8 + **9** = 17 8 + 2 + 7	6 + **7** = 13 6 + 4 + 3	5 + **7** = 12 5 + 5 + 2
3 + **8** = 11 3 + 7 + 1	9 + **7** = 16 9 + 1 + 6	8 + **7** = 15 8 + 2 + 5
6 + **8** = 14 6 + 4 + 4	5 + **8** = 13 5 + 5 + 3	4 + **8** = 12 4 + 6 + 2
9 + **8** = 17 9 + 1 + 7	8 + **8** = 16 8 + 2 + 6	7 + **8** = 15 7 + 3 + 5
5 + **9** = 14 5 + 5 + 4	4 + **9** = 13 4 + 6 + 3	3 + **9** = 12 3 + 7 + 2

Nombre ______________________________

Empareja la ecuación con la figura que muestra cómo usar la Estrategia de formar decenas para resolver. Escribe la parte desconocida.

1 $8 + \square = 12$	9 | • ••
2 $9 + \square = 15$	7 | ••• ••
3 $7 + \square = 12$	9 | • •
4 $8 + \square = 14$	8 | •• ••
5 $9 + \square = 12$	8 | •• ••••
6 $8 + \square = 15$	9 | • •••••
7 $9 + \square = 11$	9 | • •••••••
8 $9 + \square = 17$	8 | •• •••••
9 $7 + \square = 11$	7 | ••• •

Resuelve el problema.

Muestra tu trabajo.
Usa dibujos, números o palabras.

10 Algunas aves están en el árbol. Luego, 5 más llegan volando al árbol. Ahora hay 13 aves en el árbol. ¿Cuántas aves había antes en el árbol?

árbol

☐ ______
rótulo

11 Hay 14 gatos negros o anaranjados. Ocho de los gatos son negros. ¿Cuántos gatos son anaranjados?

gato

☐ ______
rótulo

12 Hay 10 cometas grandes y 10 cometas pequeñas. ¿Cuántas cometas hay en total?

cometa

☐ ______
rótulo

13 Juan tiene 8 libros. Meg trae más libros. Ahora hay 17 libros. ¿Cuántos libros trajo Meg?

libro

☐ ______
rótulo

Comprobar la compresión

Escucha. Indica cómo resolver el problema.

Nombre ____________________________

Empareja la ecuación con la figura que muestra cómo usar la Estrategia de formar decenas para resolver. Escribe la parte desconocida.

1 $8 + \square = 12$	9	• ••
2 $9 + \square = 15$	7	••• ••
3 $7 + \square = 12$	9	• •
4 $8 + \square = 14$	8	•• ••
5 $9 + \square = 12$	8	•• ••••
6 $8 + \square = 15$	9	• •••••
7 $9 + \square = 11$	9	• •••••••
8 $9 + \square = 17$	8	•• •••••
9 $7 + \square = 11$	7	••• •

Resuelve el problema.

Muestra tu trabajo.
Usa dibujos, números o palabras.

10 Algunas aves están en el árbol. Luego, 5 más llegan volando al árbol. Ahora hay 13 aves en el árbol. ¿Cuántas aves había antes en el árbol?

árbol

rótulo

11 Hay 14 gatos negros o anaranjados. Ocho de los gatos son negros. ¿Cuántos gatos son anaranjados?

gato

rótulo

12 Hay 10 cometas grandes y 10 cometas pequeñas. ¿Cuántas cometas hay en total?

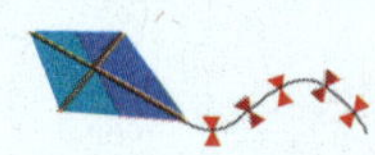
cometa

rótulo

13 Juan tiene 8 libros. Meg trae más libros. Ahora hay 17 libros. ¿Cuántos libros trajo Meg?

libro

rótulo

Comprobar la compresión

Escucha. Indica cómo resolver el problema.

$15 - 6 = \square$	$16 - 7 = \square$	$11 - 7 = \square$
$12 - 8 = \square$	$13 - 9 = \square$	$11 - 6 = \square$
$12 - 7 = \square$	$13 - 8 = \square$	$14 - 9 = \square$
$11 - 5 = \square$	$17 - 8 = \square$	$13 - 7 = \square$
$14 - 8 = \square$	$15 - 9 = \square$	$11 - 4 = \square$

$11 - 7 = 4$ $7 + 3 + 1$	$16 - 7 = 9$ $7 + 3 + 6$	$15 - 6 = 9$ $6 + 4 + 5$
$11 - 6 = 5$ $6 + 4 + 1$	$13 - 9 = 4$ $9 + 1 + 3$	$12 - 8 = 4$ $8 + 2 + 2$
$14 - 9 = 5$ $9 + 1 + 4$	$13 - 8 = 5$ $8 + 2 + 3$	$12 - 7 = 5$ $7 + 3 + 2$
$13 - 7 = 6$ $7 + 3 + 3$	$17 - 8 = 9$ $8 + 2 + 7$	$11 - 5 = 6$ $5 + 5 + 1$
$11 - 4 = 7$ $4 + 6 + 1$	$15 - 9 = 6$ $9 + 1 + 5$	$14 - 8 = 6$ $8 + 2 + 4$

$12 - 5 = \square$	$13 - 6 = \square$	$18 - 9 = \square$
$15 - 8 = \square$	$16 - 9 = \square$	$11 - 3 = \square$
$12 - 4 = \square$	$13 - 5 = \square$	$14 - 6 = \square$
$15 - 7 = \square$	$16 - 8 = \square$	$17 - 9 = \square$
$12 - 3 = \square$	$13 - 4 = \square$	$14 - 5 = \square$

18 − 9 = 9 9 + 1 + 8	13 − 6 = 7 6 + 4 + 3	12 − 5 = 7 5 + 5 + 2
11 − 3 = 8 3 + 7 + 1	16 − 9 = 7 9 + 1 + 6	15 − 8 = 7 8 + 2 + 5
14 − 6 = 8 6 + 4 + 4	13 − 5 = 8 5 + 5 + 3	12 − 4 = 8 4 + 6 + 2
17 − 9 = 8 9 + 1 + 7	16 − 8 = 8 8 + 2 + 6	15 − 7 = 8 7 + 3 + 5
14 − 5 = 9 5 + 5 + 4	13 − 4 = 9 4 + 6 + 3	12 − 3 = 9 3 + 7 + 2

Nombre ____________________

Empareja la ecuación con la figura que muestra cómo usar la Estrategia de formar decenas para resolver.

1 $12 - 8 =$ ☐	7	••• •••
2 $14 - 9 =$ ☐	8	•• ••••
3 $13 - 7 =$ ☐	8	•• ••
4 $15 - 8 =$ ☐	7	••• ••
5 $14 - 8 =$ ☐	9	• ••••
6 $12 - 7 =$ ☐	6	•••• ••••
7 $11 - 8 =$ ☐	8	•• •••••
8 $14 - 6 =$ ☐	9	• •
9 $11 - 9 =$ ☐	8	•• •

	Paso 1	Paso 2
$14 - 6 = \boxed{8}$ 4 2	$14 - 4 = 10$	$10 - 2 = 8$
	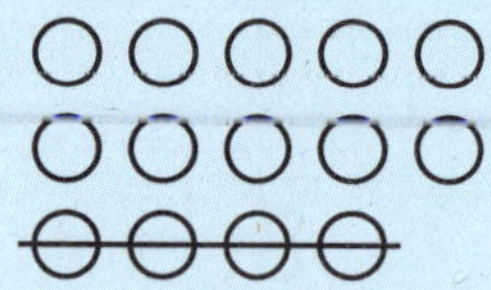	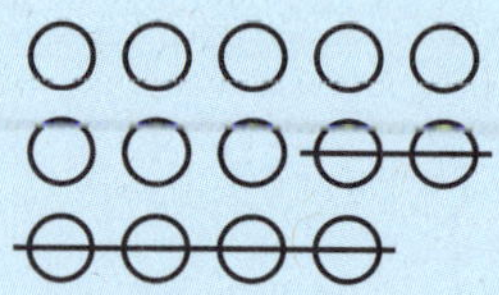

Resta. Muestra tu trabajo.

10 $15 - 8 = \square$

11 $13 - 4 = \square$

12 $12 - 9 = \square$

13 $17 - 9 = \square$

✓ Comprobar la comprensión

Haz un dibujo para mostrar cómo formar una decena para resolver $13 - 8$.

Nombre ______________________

Resuelve el problema.

Muestra tu trabajo.
Usa dibujos, números o palabras.

---

1 Hay 17 bayas en un tazón. Nueve son rojas y el resto son moradas. ¿Cuántas bayas son moradas?

tazón

☐ ______________
rótulo

---

2 Dibujo algunas estrellas. Ocho son grandes y 7 son pequeñas. ¿Cuántas estrellas dibujo?

estrella

☐ ______________
rótulo

---

3 Hay 14 cachorros. Algunos son marrones y otros son negros. ¿Cuántos cachorros marrones y negros podría haber? Muestra tres respuestas.

cachorro

☐ cachorros marrones y ☐ cachorros negros

o ☐ cachorros marrones y ☐ cachorros negros

o ☐ cachorros marrones y ☐ cachorros negros

Resuelve el problema.

Muestra tu trabajo.
Usa dibujos, números o palabras.

---

4 Hay 15 ranas en el estanque. Nueve ranas se van saltando. ¿Cuántas ranas hay ahora?

estanque

☐ ________
rótulo

---

5 Hay 16 mariposas en el jardín. Algunas se van volando. Quedan 8. ¿Cuántas mariposas se fueron volando?

mariposas

☐ ________
rótulo

---

6 Hay algunas uvas en un tazón. Me comí 6 de ellas. Ahora hay 7 uvas. ¿Cuántas uvas había antes en el tazón?

uvas

☐ ________
rótulo

---

7 Hay 12 caballos en un campo. Algunos se van corriendo. Ahora hay 5 caballos. ¿Cuántos caballos se van corriendo?

caballo

☐ ________
rótulo

Comprobar la comprensión

Escucha el problema. Luego, explica cómo resolverlo.

Nombre ______________________________

Empareja la ecuación con la imagen que muestra cómo usar la Estrategia de formar una decena para resolver.

1 $8 + \square = 14$	8 | ●● ●
2 $7 + 5 = \square$	6 | ●●●● ●●●●●
3 $8 + 3 = \square$	8 | ●● ●●●●
4 $6 + \square = 15$	7 | ●●● ●●●
5 $9 + \square = 18$	9 | ● ●●●●●
6 $9 + \square = 15$	8 | ●● ●●
7 $8 + 4 = \square$	9 | ● ●●●●●●●●
8 $7 + 6 = \square$	7 | ●●● ●●

9 Encierra en un círculo la imagen que muestra cómo usar la Estrategia de formar una decena para resolver la ecuación.

$13 - 7 = \square$

Suma.

10 $9 + 3 = \square$ 11 $7 + 8 = \square$ 12 $7 + 5 = \square$

13 $11 + 9 = \square$ 14 $12 + 7 = \square$ 15 $8 + 12 = \square$

Calcula la parte desconocida.

16 $9 + \square = 14$ 17 $10 + \square = 19$ 18 $6 + \square = 13$

19 $\square + 4 = 12$ 20 $\square + 8 = 11$ 21 $\square + 6 = 15$

Resta.

22 $11 - 2 = \square$ 23 $14 - 6 = \square$ 24 $13 - 9 = \square$

25 $16 - 8 = \square$ 26 $13 - 7 = \square$ 27 $12 - 5 = \square$

Camino al conocimiento Resta.

1 $10 - 8 = \square$ 2 $7 - 1 = \square$ 3 $6 - 6 = \square$

4 $9 - 7 = \square$ 5 $8 - 4 = \square$ 6 $10 - 6 = \square$

Comprobar la comprensión

Explica cómo formar una decena para resolver. $17 - 8 = \square$

Nombre ______________________________

1 Rosa lee 8 historias. Tim lee 5 historias. ¿Cuántas historias leen en total?

2 Rosa lee 8 historias. Tim también lee algunas historias. Leen 13 historias en total. ¿Cuántas historias lee Tim?

3 Rosa lee algunas historias. Tim lee 5 historias. Leen 13 historias en total. ¿Cuántas historias lee Rosa?

Algunos crayones están en una caja.
Saqué 6 crayones.
Ahora hay 9 crayones en la caja.
¿Cuántos crayones había antes en la caja?

4 Observa lo que escribió el Pingüino Confundido.

9 – 6 = 3

3 crayones

5 Ayuda al Pingüino Confundido.

☐ – ☐ = ☐

☐ crayones

Comprobar la comprensión

Crea un problema para calcular el total desconocido y otro problema para calcular una parte desconocida.

Nombre ____________________

Representa y resuelve el problema.
Colorea para mostrar tu modelo.
Tacha los cubos que no uses.

---

1 En un vaso hay 6 lápices rojos, 5 lápices amarillos y 7 lápices verdes. ¿Cuántos lápices hay en el vaso?

lápiz

☐ ____________________
rótulo

---

2 Tengo 4 peces blancos, 2 peces negros y 6 peces anaranjados en mi pecera. ¿Cuántos peces hay en mi pecera?

pez

☐ ____________________
rótulo

---

3 Hay 3 peras en la mesa, 10 peras en una cesta y 7 peras en un tazón. ¿Cuántas peras hay?

pera

☐ ____________________
rótulo

Resuelve el problema.

Muestra tu trabajo. Usa dibujos, números o palabras.

4 Hay 5 crayones rojos, 9 crayones azules y 1 crayón amarillo en la mesa. ¿Cuántos crayones hay en la mesa?

crayón

☐ ______
rótulo

5 Charlie ve 4 libros en un escritorio, 6 libros en una repisa y 8 libros en una carretilla. ¿Cuántos libros ve Charlie?

escritorio

☐ ______
rótulo

6 Gina halla 7 conchas de mar y Paul halla 6. Leo halla 3 conchas de mar. ¿Cuántas conchas de mar hallaron en total?

concha de mar

☐ ______
rótulo

Comprobar la comprensión

Resuelve. Kara ve 1 león, 3 tigres y 9 cebras. ¿Cuántos animales ve Kara?

Nombre ____________________ Fecha ____________

Suma o resta.

1. 9 + ☐ = 17

2. 15 − 8 = ☐

3. 7 + ☐ = 16

Resuelve el problema. **Muestra tu trabajo.**

4. Hay 14 hormigas. Nueve son hormigas rojas y el resto son negras. ¿Cuántas hormigas son negras?

☐ ____________
rótulo

5. Bailey halló 4 conchas de almejas, 5 conchas de caracoles y 6 conchas de vieiras. ¿Cuántas conchas de mar halló en total?

☐ ____________
rótulo

Comprobar el conocimiento 13

Nombre ______________________ Fecha ______________________

Camino al conocimiento

Resta.

1. $7 - 2 = \square$
2. $6 - 1 = \square$
3. $7 - 4 = \square$
4. $8 - 5 = \square$
5. $6 - 3 = \square$
6. $7 - 7 = \square$
7. $8 - 7 = \square$
8. $9 - 6 = \square$
9. $6 - 5 = \square$
10. $8 - 2 = \square$
11. $10 - 2 = \square$
12. $9 - 3 = \square$
13. $10 - 10 = \square$
14. $9 - 8 = \square$
15. $10 - 4 = \square$

Nombre ____________________

1 Encierra en un círculo **grupos de 10**. Cuenta por decenas y por unidades. Escribe el número.

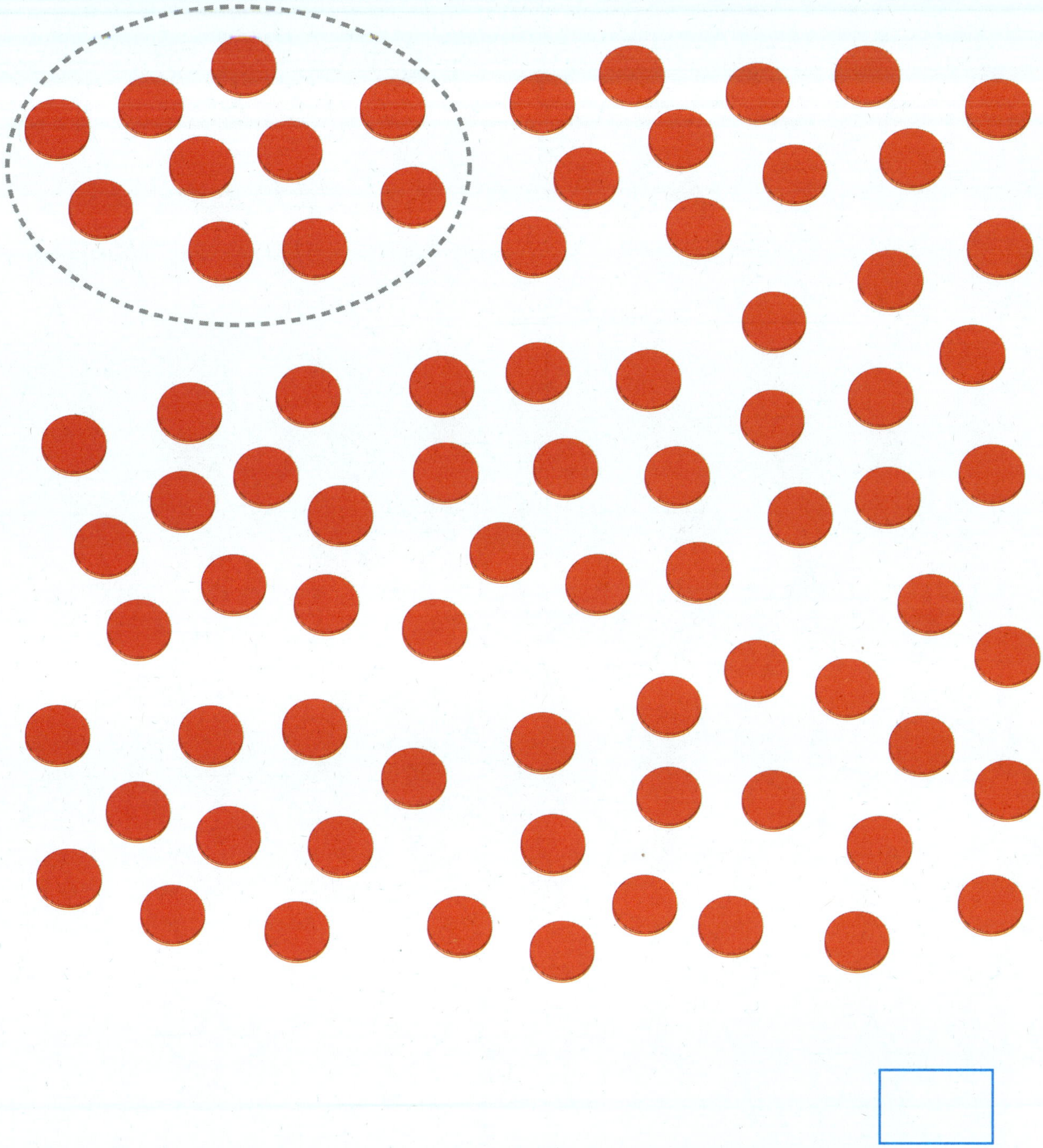

2 Colorea cada grupo de 10 de un color diferente. Cuenta de decena en decena y de unidad en unidad. Escribe el número.

Comprobar la comprensión

Explica cómo usar decenas y unidades para contar 95 fichas.

Dear Family:

The next several lessons of this unit build upon what the class learned previously about tens and ones. The Hundred Grid is a tool that allows children to see 10-based patterns in sequence. Seeing numbers in the ordered rows and columns of the Hundred Grid helps children better understand number relationships as they:

- continue to practice with 10-groups, adding tens to any 2-digit number, with totals to 100;
- explore 2-digit subtraction, subtracting tens from decade numbers;
- connect what they know about 10-partners to now find 100-partners.

1	11	21	31	41	51	61	71	81	91
2	12	22	32	42	52	62	72	82	92
3	13	23	33	43	53	63	73	83	93
4	14	24	34	44	54	64	74	84	94
5	15	25	35	45	55	65	75	85	95
6	16	26	36	46	56	66	76	86	96
7	17	27	37	47	57	67	77	87	97
8	18	28	38	48	58	68	78	88	98
9	19	29	39	49	59	69	79	89	99
10	20	30	40	50	60	70	80	90	100

3 ○○○
13 | ○○○
23 || ○○○
33 ||| ○○○
43 |||| ○○○
53 ||||| ○○○
63 ||||| | ○○○
73 ||||| || ○○○
83 ||||| ||| ○○○
93 ||||| |||| ○○○

If you have any questions or problems, please contact me.

Sincerely,
Your child's teacher

Estimada familia:

Las siguientes lecciones en esta unidad amplían lo que la clase aprendió anteriormente acerca de decenas y unidades. La Cuadrícula de 100 es un instrumento que permite observar patrones de base 10 en secuencia. Observar los números ordenados en hileras y columnas en la Cuadrícula de 100 ayudará a los niños a comprender mejor la relación entre los números mientras:

- continúan practicando con grupos de 10, sumando decenas a números de 2 dígitos con totales hasta 100;
- exploran la resta de números de 2 dígitos, restando decenas de números que terminan en cero;
- relacionan lo que saben acerca de las partes de 10 para hallar partes de 100.

1	11	21	31	41	51	61	71	81	91
2	12	22	32	42	52	62	72	82	92
3	13	23	33	43	53	63	73	83	93
4	14	24	34	44	54	64	74	84	94
5	15	25	35	45	55	65	75	85	95
6	16	26	36	46	56	66	76	86	96
7	17	27	37	47	57	67	77	87	97
8	18	28	38	48	58	68	78	88	98
9	19	29	39	49	59	69	79	89	99
10	20	30	40	50	60	70	80	90	100

3 ○○○
13 | ○○○
23 || ○○○
33 ||| ○○○
43 |||| ○○○
53 ||||| ○○○
63 ||||| | ○○○
73 ||||| || ○○○
83 ||||| ||| ○○○
93 ||||| |||| ○○○

Si tiene alguna pregunta o algún comentario comuníquese conmigo.

Atentamente,
El maestro de su niño

Nombre ______________________________

VOCABULARIO
columna
cuadrícula

1 Escribe los números del 1 al 120 en **columnas**.

1	11										
2											
10									100		120

Usa la **cuadrícula** para hallar 10 más. Escribe el número.

2 29 ☐ **3** 72 ☐ **4** 45 ☐ **5** 90 ☐

Usa la cuadrícula para hallar 10 menos. Escribe el número.

6 39 ☐ **7** 72 ☐ **8** 91 ☐ **9** 20 ☐

VOCABULARIO
fila

10 Escribe los números del 1 al 120 en **filas**.

1	2								10
11									
									100
									120

Usa la cuadrícula para hallar 10 menos y 10 más.
Escribe los números.

11 ☐ 51 ☐

12 ☐ 36 ☐

Nombre ________________________________

Usa la **recta numérica** para contar hacia adelante o hacia atrás. Escribe los números.

VOCABULARIO
recta numérica

0 1 2 3 4 5 6 7 8 9 10

13. 2, 3, 4, ______, ______, ______

14. 9, 8, 7, ______, ______, ______

33 34 35 36 37 38 39 40 41 42 43

15. 42, 41, 40, ______, ______, ______

16. 33, ______, ______, ______, 37, 38

110 111 112 113 114 115 116 117 118 119 120

17. 111, ______, 113, ______, 115 ______

18. 120, ______, ______, 117, 116, ______

---

19. Cuenta hacia atrás desde 115. Escribe los números.

115, ______, ______, ______, ______, ______

---

20. Cuenta hacia adelante desde 115. Escribe los números.

115, ______, ______, ______, ______, ______

Escribe el número.

21
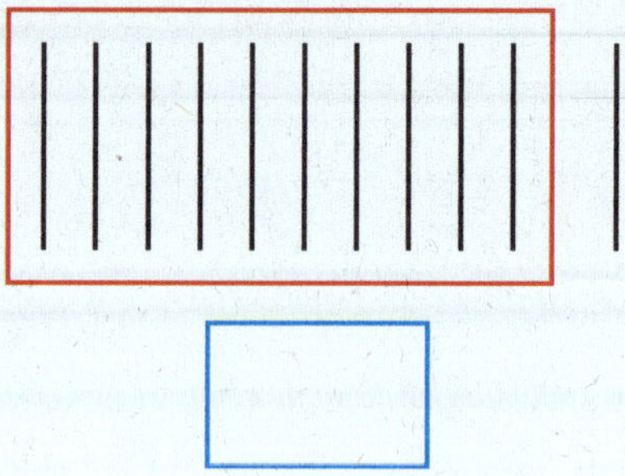

22
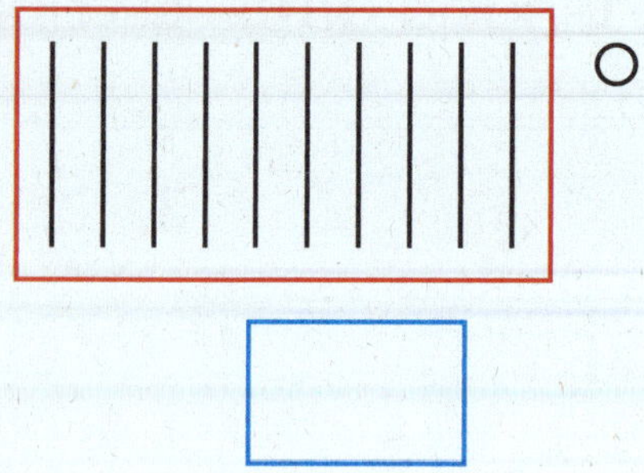

23
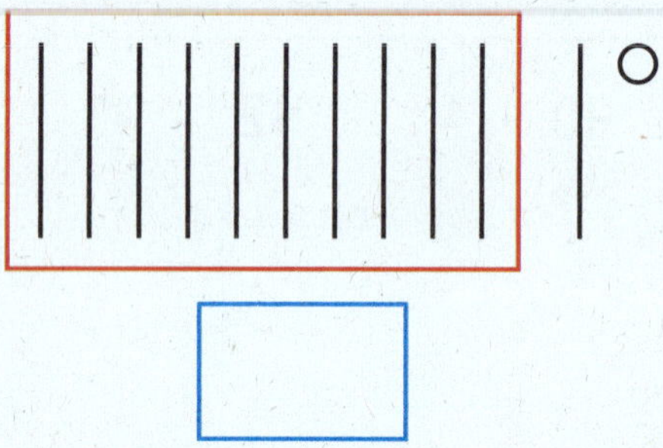

24
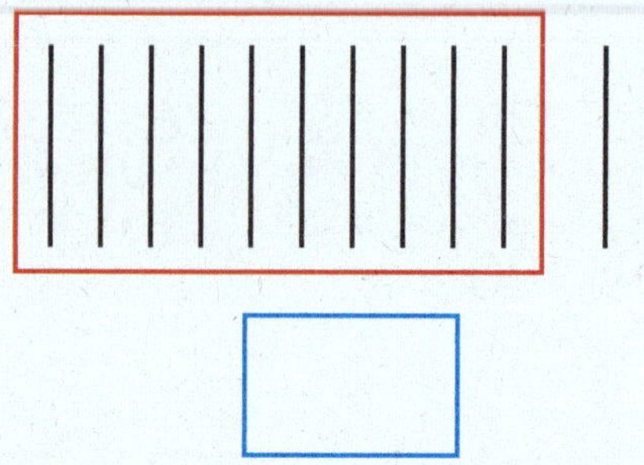

Dibuja palitos de 10 y círculos.
Dibuja un recuadro alrededor de 10 decenas.

25 102

26 112

27 117

28 109

Comprobar la comprensión

¿Cómo sabes que 48 es 10 más o 10 menos que 58?

Nombre ______________________________

1 Escucha las instrucciones.

1	11	21	31	41	51	61	71	81	91
2	12	22	32	42	52	62	72	82	92
3	13	23	33	43	53	63	73	83	93
4	14	24	34	44	54	64	74	84	94
5	15	25	35	45	55	65	75	85	95
6	16	26	36	46	56	66	76	86	96
7	17	27	37	47	57	67	77	87	97
8	18	28	38	48	58	68	78	88	98
9	19	29	39	49	59	69	79	89	99
10	20	30	40	50	60	70	80	90	100

Suma decenas.

2. 89 + 10 = ☐
3. 43 + 20 = ☐
4. 28 + 50 = ☐
5. 32 + 40 = ☐
6. 11 + 20 = ☐
7. 42 + 30 = ☐
8. 52 + 40 = ☐
9. 12 + 40 = ☐
10. 27 + 60 = ☐
11. 61 + 30 = ☐

Resta decenas.

12. 30 − 20 = ☐
13. 60 − 10 = ☐
14. 70 − 40 = ☐
15. 70 − 20 = ☐
16. 90 − 60 = ☐
17. 80 − 70 = ☐
18. 90 − 10 = ☐
19. 50 − 40 = ☐
20. 20 − 10 = ☐
21. 40 − 10 = ☐

Nombre ______________________

Escribe la regla del patrón numérico.

22 5, 10, 15, 20, 25, 30 Regla: __________

23 10, 20, 30, 40, 50, 60 Regla: __________

24 33, 38, 43, 48, 53, 58 Regla: __________

25 22, 24, 26, 28, 30, 32 Regla: __________

Calcula los números desconocidos en el patrón.

26 46, 56, 66, ________, 86, ________

27 17, 19, 21, 23, ________, 27, 29, ________

Extiende el patrón numérico.

28 62, 67, 72, 77, ________, ________, ________

29 34, 44, 54, 64, ________, ________, ________

30 47, 49, 51, 53, ________, ________, ________

31 12, 17, 22, 27, ________, ________, ________

32 Haz un patrón numérico.
Usa sumar 5 como regla.

Observa el patrón. Escribe la regla y complete la tabla.

33 Maria trota cada día durante una semana. Regla: ________

Horario de trotar de María

Día	Lun.	Mar.	Mier.	Jue.	Vie.	Sáb.
Número de minutos	12	17	22	27		

34 Choi lee cada día durante una semana. Regla: ________

Horario de lectura de Choi

Día	Lun.	Mar.	Mie.	Jue.	Vie.	Sáb.
Número de páginas	11	13	15	17		

35 David practica cada día durante una semana. Regla: ________

Horario de prácticas de piano de David

Día	Lun.	Mar.	Mie.	Jue.	Vie.	Sáb.
Número de minutos	16	21	26		36	

Comprobar la comprensión

Escribe una ecuación para resolver cada problema.

Sumar 4 decenas a 35. Restar 6 decenas de 9 decenas.

Nombre ______________________________

Resuelve.

1. $80 + 20 = \square$
2. $30 + 70 = \square$
3. $10 + \square = 100$
4. $50 + \square = 100$
5. $100 = 20 + \square$
6. $100 = 40 + \square$

---

7. $20 + 50 = \square$
8. $10 + 80 = \square$
9. $0 + 60 = \square$
10. $20 + 20 = \square$

---

11. $40 - 40 = \square$
12. $80 - 0 = \square$
13. $70 - 60 = \square$
14. $60 - 30 = \square$

---

15. $60 - 10 = \square$

    $10 + \square = 60$
16. $70 - 40 = \square$

    $40 + \square = 70$
17. $50 - 20 = \square$

    $20 + \square = 50$
18. $90 - 50 = \square$

    $50 + \square = 90$

19 Observa qué escribió el Pingüino Confundido.

70 − 20 = 5

20 Ayuda al Pingüino Confundido.

70 − 20 = ☐

Camino al conocimiento Suma.

1 1 + 8 = ☐ 2 5 + 4 = ☐ 3 4 + 6 = ☐

Camino al conocimiento Resta.

4 9 − 3 = ☐ 5 6 − 1 = ☐ 6 7 − 6 = ☐

Comprobar la comprensión

Suma y resta decenas.

60 + 40 = ☐ 60 − 40 = ☐

Nombre ____________________

Usa la imagen.
Escribe los números para resolver.

---

1 Casey ayuda a recoger frutas.
¿Cuántas frutas recoge Casey?

□ + □ + □ = ?

□ + □ = □ frutas

---

2 Casey ayuda a recoger vegetales.
¿Cuántos vegetales recoge Casey?

□ + □ + □ = ?

□ + □ = □ vegetales

---

3 Casey ayuda a recoger flores.
¿Cuántas flores recoge Casey?

□ + □ + □ = ?

□ + □ = □ flores

Usa la imagen.
Escribe los números para resolver.

4 Hay algunas zanahorias en un jardín. Cada conejo come 1 zanahoria. Ahora hay 9 zanahorias. ¿Cuántas zanahorias había en el jardín al comienzo?

☐ − ☐ = ☐

☐ zanahorias

---

5 Hay algunos conejos en un jardín. Llegan 7 conejos más saltando. Ahora hay 13 conejos en el jardín. ¿Cuántos conejos había en el jardín antes?

☐ + ☐ = ☐

☐ conejos

Prueba rápida 2 de la Unidad 5

Nombre ______________________ Fecha ______________

Usa la cuadrícula.

51	52	53	54	55	56	57	58	59	60
61	62	63	64	65	66	67	68	69	70
71	72	73	74	75	76	77	78	79	80

1. 10 más que 54 es ☐.

2. 10 más que 68 es ☐.

Suma o resta decenas.

3. $68 + 30 =$ ☐

4. $52 + 20 =$ ☐

---

5. Halla los números desconocidos en el patrón.

33, 35, 37, ______, 41, ______

Comprobar el conocimiento 14

Nombre ______________________ Fecha ______________

Camino al conocimiento

Suma.

1. $3 + 3 = \square$
2. $6 + 1 = \square$
3. $4 + 2 = \square$
4. $3 + 4 = \square$
5. $6 + 2 = \square$
6. $5 + 4 = \square$

Resta.

7. $6 - 4 = \square$
8. $8 - 5 = \square$
9. $7 - 3 = \square$
10. $8 - 6 = \square$
11. $9 - 2 = \square$
12. $7 - 1 = \square$
13. $10 - 10 = \square$
14. $10 - 7 = \square$
15. $9 - 8 = \square$

Nombre ______________________ Fecha ______________

Empareja la casilla con la parte desconocida.

1. 9 + ☐ = 15
2. 8 + ☐ = 15
3. 8 + ☐ = 17

9   6   7

Resuelve el problema.

4. Beth tiene 16 rosquillas. Les da 8 a sus amigos. ¿Cuántas rosquillas tiene ahora Beth?

rosquilla

☐ ______________
rótulo

5. Meg tiene 6 libros. Jen le da algunos libros más. Ahora Meg tiene 11 libros. ¿Cuántos libros le da Jen a Meg?

libro

☐ ______________
rótulo

6. Luis tiene 7 bolígrafos azules, 4 bolígrafos rojos y 3 bolígrafos verdes. ¿Cuántos bolígrafos tiene Luis?

bolígrafo

☐ ______________
rótulo

Nombre ____________________ Fecha ____________

7 ¿Es verdadero el enunciado? Elige Sí o No.

14 − 8 = 5	○ Sí	○ No
16 − 7 = 9	○ Sí	○ No
17 − 9 = 8	○ Sí	○ No

8 Comienza en 81. Cuenta. Escribe los números hasta 110.

81	82	83							
91									

9 Dibuja para resolver el problema.
Escribe un enunciado numérico.
Contesta la pregunta.

Hay 15 ardillas. Algunas son marrones y 6 son grises. ¿Cuántas ardillas son marrones?

☐ − ☐ = ☐

☐ ____________ rótulo

Repaso/Prueba de la Unidad 5

Nombre ______________________ Fecha ____________

Resuelve.

10. $57 + 20 = \square$

11. $13 + 60 = \square$

12. $80 - 40 = \square$

13. $70 - 50 = \square$

14. $80 + \square = 100$

15. $90 - \square = 70$

Encierra en un círculo el número que hace verdadera la ecuación.

16. Hay 9 crayones rojos, 3 crayones verdes y 7 crayones azules en la caja. ¿Cuántos crayones hay en la caja?

crayón

Hay [10 / 16 / 19] crayones en la caja.

---

17. Cuenta hacia atrás desde 118. Escribe los números.

118, ____, ____, ____, ____

---

18. Extiende el patrón numérico.

53, 58, 63, 68, ____, ____, ____

Nombre ______________________ Fecha ____________

19 Hay 12 niños y niñas en el autobús. ¿Cuántos niños y cuántas niñas puede haber?
Elige todas las respuestas posibles.

- ○ 2 niños y 14 niñas
- ○ 2 niños y 10 niñas
- ○ 3 niños y 9 niñas
- ○ 4 niños y 6 niñas
- ○ 5 niños y 7 niñas

---

20 Dibuja de 20 a 30 triángulos más.
Encierra en un círculo grupos de 10.
Cuenta por decenas y por unidades. Escribe los números.

△ △ △ △ △ △ △ △ △ △
△ △ △ △ △ △ △ △ △ △
△ △ △ △ △ △ △ △ △ △
△ △ △ △ △ △ △ △ △ △
△ △ △ △ △ △

El número de triángulos es ☐.

10 menos es ☐. 10 más es ☐.

Tarea de rendimiento de la Unidad 5

Nombre ______________________________

Día de playa

Dan y Win buscan conchas de mar en la playa.

1 **Parte A**

Dan halla 32 conchas de mar. Dibuja para representar 32 con decenas y unidades.

Dan halla 20 conchas de mar más. ¿Cuántas conchas de mar tiene en total?

☐ conchas de mar

Parte B

Dibuja o indica cómo lo sabes.

2 **Parte A**

Win encuentra 5 conchas de mar blancas, 3 conchas de mar marrones y 2 conchas de mar negras. ¿Cuántas conchas de mar tiene en total?

☐ conchas de mar

Parte B

Dibuja o escribe para indicar cómo lo sabes.

Nombre ______________________

3 **Parte A**

Win encuentra 50 conchas de mar blancas, 30 conchas de mar marrones y 20 conchas de mar negras. ¿Cuántas conchas de mar tiene en total?

☐ conchas de mar

Parte B

Dibuja o indica cómo lo sabes.

Parte C

Indica en qué se parece sumar 50, 30 y 20 a sumar 5, 3 y 2.

4 **Parte A**

Al mediodía, Win tenía 50 conchas de mar blancas. A las 4 p. m., Win tenía 80 conchas de mar blancas. ¿Cuántas conchas de mar halló después del mediodía?

☐ conchas de mar

Parte B

Dibuja o indica cómo lo sabes.

Dear Family:

Children begin this unit by learning to organize, represent, and interpret data with two and three categories.

In the example below, children sort apples and bananas and represent the data using circles. They ask and answer questions about the data and learn to express comparative statements completely.

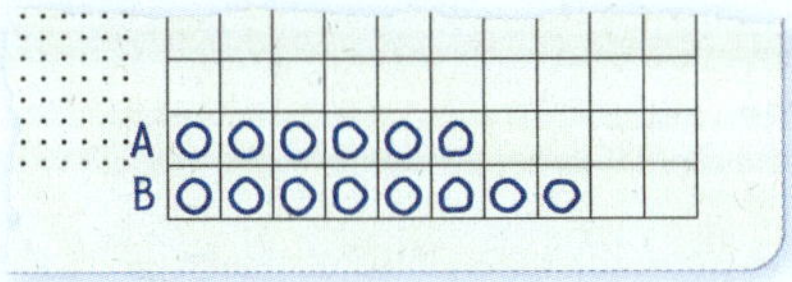

There are 2 more bananas than apples.

There are 2 fewer apples than bananas.

Later in the unit, children solve *Compare* story problems using comparison bars. Two examples are given below.

Jeremy has 10 crayons.
Amanda has 3 crayons.
How many more crayons does Jeremy have than Amanda?

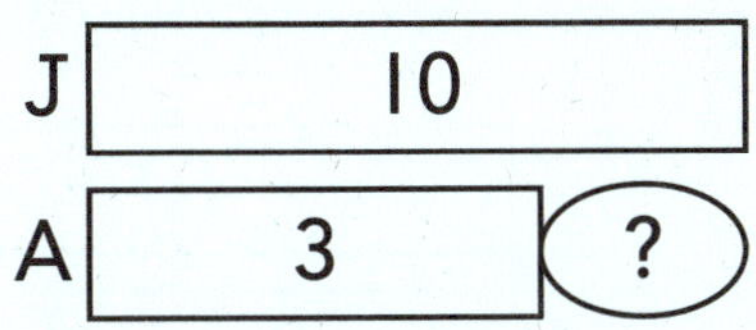

Abby has 8 erasers.
Ramon has 6 more erasers than Abby has. How many erasers does Ramon have?

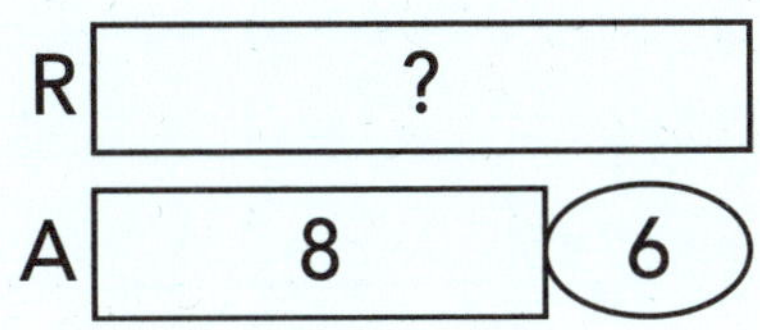

While working on homework, ask your child to explain to you how to use comparison bars to solve these types of story problems.
If you have any questions, please do not hesitate to contact me.

Sincerely,
Your child's teacher

Estimada familia:

Al comenzar esta unidad, los niños aprenderán a organizar, representar e interpretar datos de dos y tres categorías.

En el ejemplo de abajo, los niños clasifican manzanas y plátanos, y representan los datos usando círculos. Formulan y responden preguntas acerca de los datos y aprenden cómo expresar enunciados comparativos completos.

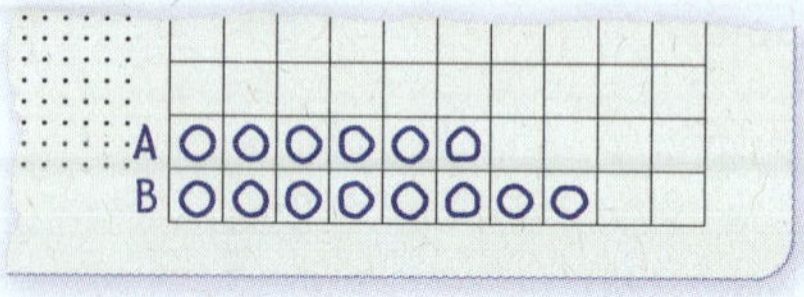

Hay 2 plátanos más que manzanas.

Hay 2 manzanas menos que plátanos.

Más adelante en la unidad, los niños resolverán problemas que requieran *comparar*, usando barras de comparación. Abajo se dan dos ejemplos.

Jeremy tiene 10 crayones.
Amanda tiene 3 crayones.
¿Cuántos crayones más que Amanda tiene Jeremy?

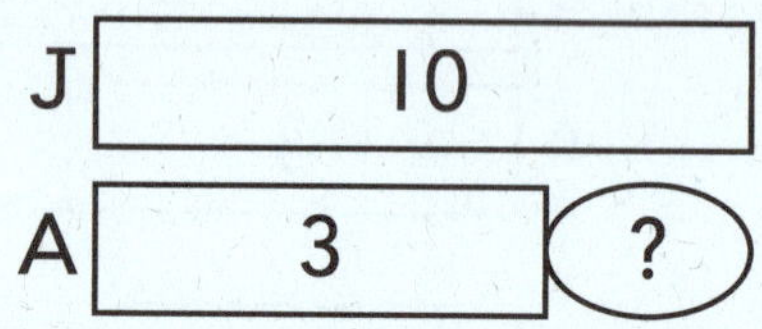

Abby tiene 8 borradores.
Ramón tiene 6 borradores más que Abby. ¿Cuántos borradores tiene Ramón?

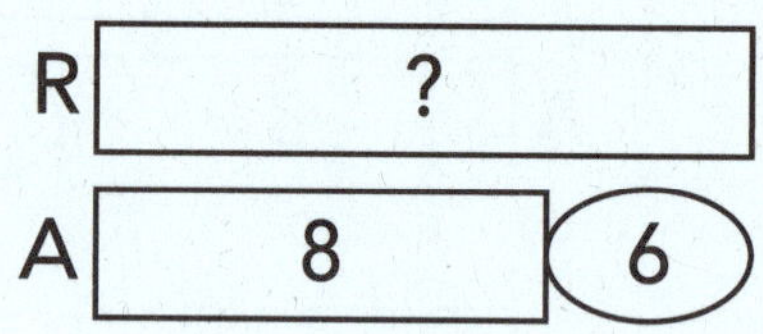

Mientras hace la tarea, pida a su niño que le explique cómo usar las barras de comparación para resolver este tipo de problemas.

Si tiene alguna pregunta, no dude en comunicarse conmigo.

Atentamente,
El maestro de su niño

gráfica de barras

la menor cantidad

datos

más

menos

la mayor cantidad

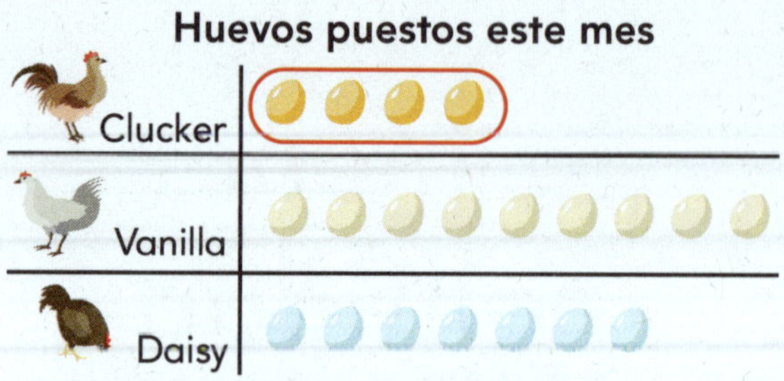

Clucker puso **la menor cantidad de** huevos.

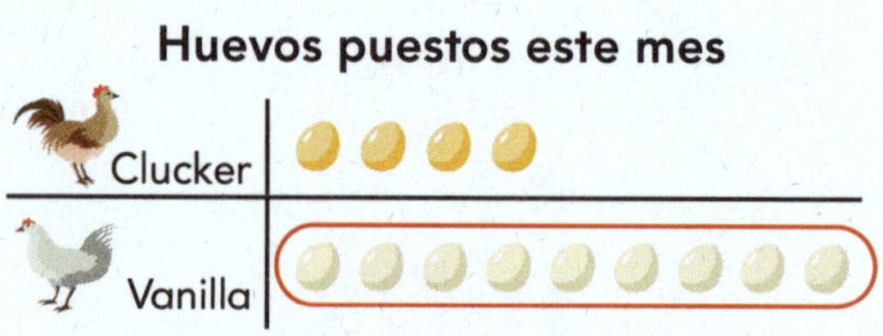

Vanilla puso **más** huevos que Clucker.

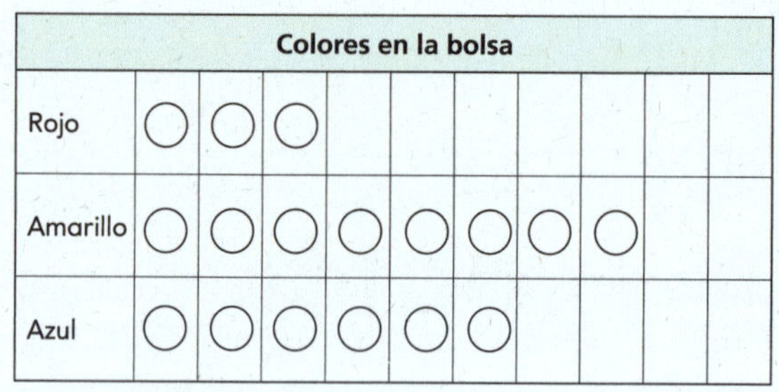

Los **datos** muestran cuántos hay de cada color.

Vanilla puso **la mayor cantidad** de huevos.

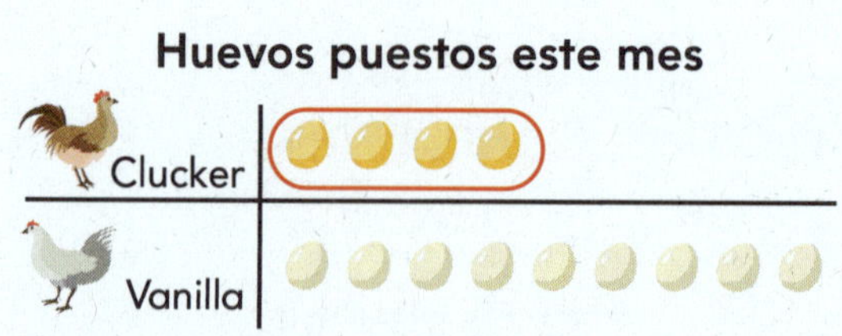

Clucker puso **menos** huevos que Vanilla.

ordenar

marca de conteo

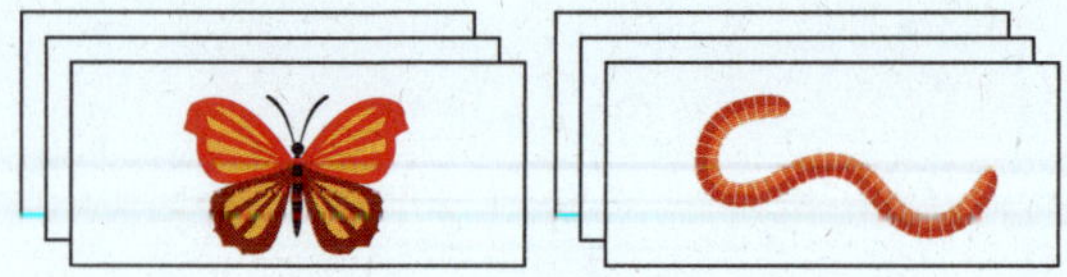

Puedes **ordenar** los animales en grupos.

Vegetales	Marcas de conteo	Número
Zanahorias	𝍸	5
Maíz	||||	4
Pimientos	𝍸 ||	7

Nombre ______________________________

VOCABULARIO
ordena

Recorta las tarjetas.
¿Qué animales tienen patas?
¿Qué animales no tienen patas?
Ordena los animales.

Nombre ______________________

VOCABULARIO
datos
más
menos

1. Usa círculos y grupos de 5 para llevar la cuenta. Escribe cuántos hay en cada grupo.

Con patas	**Sin patas**
☐	☐

Usa los **datos** para completar.

2. ¿Cuántos animales hay en total? ______

3. Encierra en un círculo el grupo con **más** animales.

4. Tacha el grupo con **menos** animales.

VOCABULARIO
la mayor cantidad
la menor cantidad

5. Usa círculos y grupos de 5 para llevar la cuenta. Escribe cuántos hay en cada grupo.

Marrón	Rojo	Negro
☐	☐	☐

Usa los datos para completar.

6. ¿Cuántos animales hay en total? ______

7. Encierra en un círculo el grupo con **la mayor cantidad** de animales.

8. Tacha el grupo con **la menor cantidad** de animales.

Comprobar la comprensión

Dibuja círculos y grupos de 5 para representar 9 animales negros y 8 animales verdes.

animales negros:

animales verdes:

Nombre ____________________

1 Traza líneas para comparar.
Completa los enunciados.
Encierra en un círculo la palabra **más** o **menos**.

Mara

Todd

Mara tiene ☐ manzanas **más menos** que Todd.

Todd tiene ☐ manzanas **más menos** que Todd.

---

2 Cada hormiga obtiene 1 miga.
¿Cuántas migas más se necesitan? ☐

3 Dibuja círculos para las migas.

Migas	
Hormigas	

---

4 Cada abeja obtiene 1 flor.
¿Cuántas flores sobran? ☐

5 Encierra en un círculo las flores que sobran.

Flores	
Abejas	

6 Ordena la fruta. Lleva la cuenta con imágenes.
Escribe cuántas hay en cada grupo.

Plátanos									____
Naranjas									____

7 Completa los enunciados. Encierra en un círculo la palabra **más** o **menos**.

Hay ☐ plátanos **más menos** que naranjas.

Hay ☐ naranjas **más menos** que plátanos.

---

8 Ordena los vegetales. Lleva la cuenta con círculos.
Escribe cuántos hay en cada grupo.

Zanahorias										____
Pimientos										____

9 Completa el enunciado. Encierra en un círculo la palabra **más** o **menos**.

Hay ☐ pimientos **más menos** que zanahorias.

Comprobar la comprensión

Representa 5 manzanas y 9 plátanos. ¿Cuántos plátanos más hay? ¿Cuántas manzanas menos hay?

Nombre ______________________________

1 Observa qué escribió el Pingüino Confundido.

Líneas	O	O	O	O	O	O	O	O	O
Puntos	O	O	O	O	O				

Hay 4 peces más con líneas que con puntos.

Hay 4 peces menos con puntos que con líneas.

2 Ayuda al Pingüino Confundido.

Líneas									
Puntos									

Hay ☐ peces más con líneas que con puntos.

Hay ☐ peces menos con puntos que con líneas.

3 Ordena los animales. Lleva la cuenta con círculos.
Escribe cuántos hay en cada grupo.

Perros									
Gatos									

4 Completa el enunciado. Encierra en un círculo la palabra **más** o **menos**.

Hay ☐ perros **más menos** que gatos.

Camino al conocimiento Suma.

1 $4 + 3$

2 $8 + 1$

3 $5 + 5$

4 $10 + 0$

5 $4 + 6$

Comprobar la comprensión

Dibuja escalones para comparar 9 y 5.

Nombre ______________________________

1. Comenta los datos.
2. Escribe cuántos hay en cada categoría.

Huevos puesto este mes

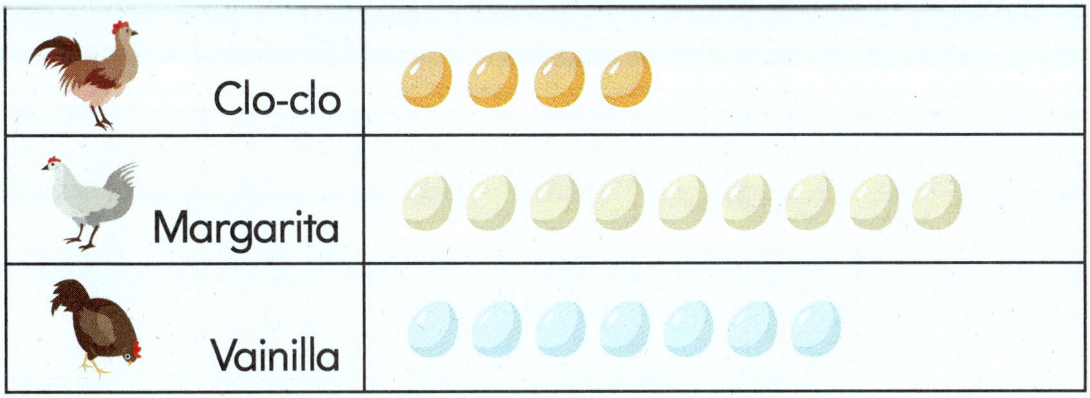

Animales en el estanque

Perros calientes vendidos en la feria

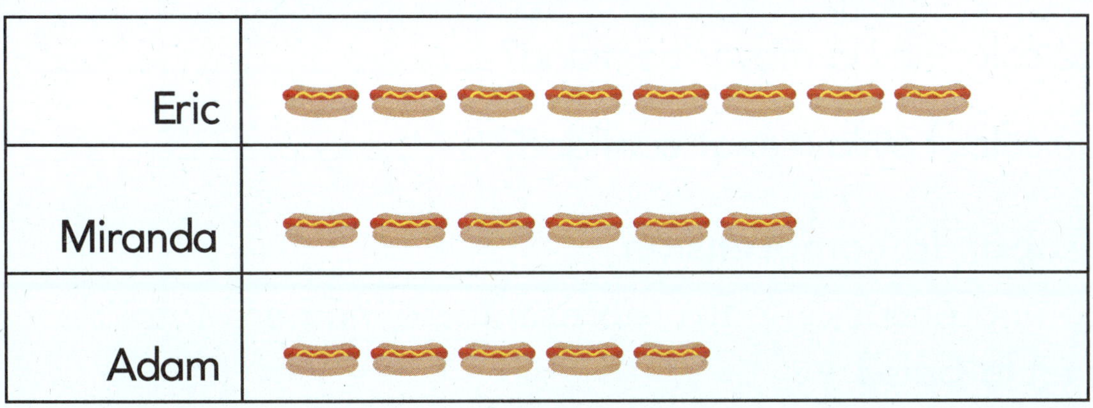

Observa a medida que se saca cada cubo de la bolsa.

3 Dibuja cuadrados para representar cuántos hay de cada color.

Colores en la bolsa											
Rojo											
Amarillo											
Azul											

Usa los datos para contestar las preguntas.

4 ¿Cuántos cubos rojos hay en la bolsa? ______________

5 ¿Cuántos cubos amarillos hay en la bolsa? ______________

6 ¿Cuántos cubos azules hay en la bolsa? ______________

7 ¿Cuántos cubos azules más hay que cubos rojos?

____

8 ¿Cuántos cubos rojos menos hay que cubos amarillos?

____

9 ¿De qué color hay la mayor cantidad? ______________

10 ¿De qué color hay la menor cantidad? ______________

Comprobar la comprensión

Escribe una ecuación para representar el número total de cubos en la bolsa.

Nombre ________________________

Usa los datos para contestar las preguntas.

Vegetal favorito

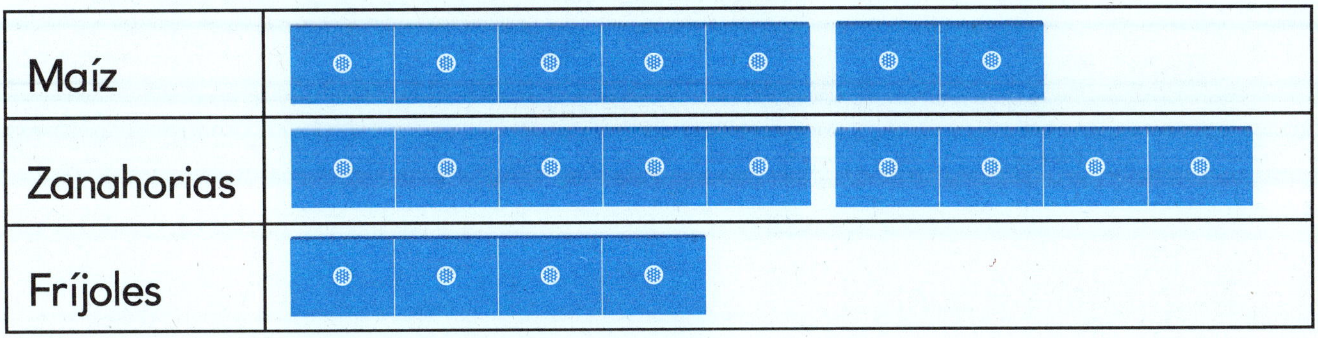

1. ¿Qué vegetal le gusta a la menor cantidad de personas? ____________
2. ¿A cuántas personas les gustan más las zanahorias que el maíz? ____________
3. ¿Cuántas personas votaron en total? ____________

Animal favorito

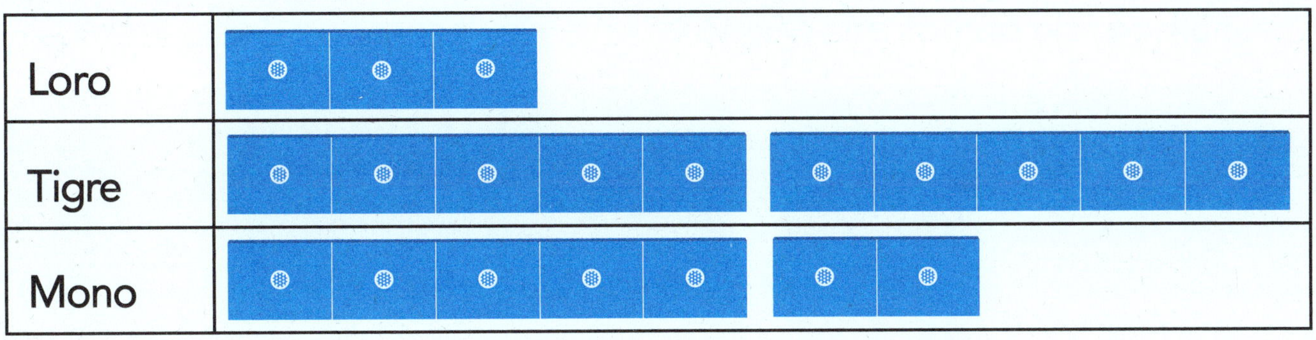

4. ¿Qué animal les gusta más a las personas? ____________
5. ¿A cuántas personas les gustan menos los monos que los tigres? ____________
6. ¿Cuántas personas les gustan más los loros? ____________

Resuelve.

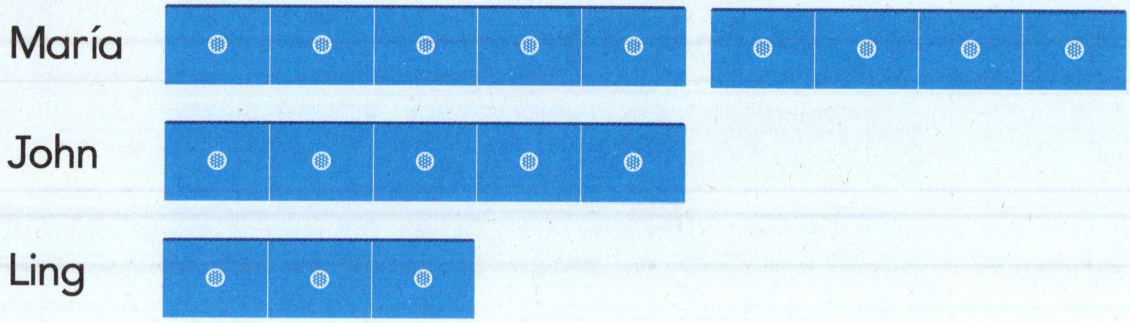

7 María tiene 9 puntos. ¿Cuántos puntos menos tiene Ling que María? _______ puntos

8 John tiene 5 puntos. ¿Cuántos puntos necesita quitar para tener el mismo número de puntos que Ling? _______ puntos

9 John tiene 5 puntos. ¿Cuántos puntos necesita agregar para tener el mismo número de puntos que María? _______ puntos

10 Teo tiene 5 más puntos que Ling. Dibuja para representar los puntos de Teo.

11 ¿Cuántos puntos necesita agregar Teo para tener el mismo número de puntos que María? _______

Nombre ______________________________

VOCABULARIO
marca de conteo
gráfica de barras

12 Ordena los vegetales. Toma nota con **marcas de conteo**. Haz una **gráfica de barras**.

Vegetales	Marcas de conteo	Número
Zanahorias		
Maíz		
Pimientos		

Cantidad de vegetales

Zanahorias									
Maíz									
Pimientos									
	0	1	2	3	4	5	6	7	8 9

Usa los datos para contestar las preguntas.

13 ¿Cuántas zanahorias más que mazorcas de maíz hay?

____

14 ¿Cuántos pimientos más que zanahorias hay?

____

15 ¿Cuántas mazorcas de maíz menos que pimientos hay?

____

16 Ordena las pelotas. Toma nota con marcas de conteo.
Haz una gráfica de barras.

Pelotas	Marcas de conteo	Números
Pelotas de béisbol		
Pelotas de baloncesto		
Pelotas de fútbol		

Cantidad de pelotas

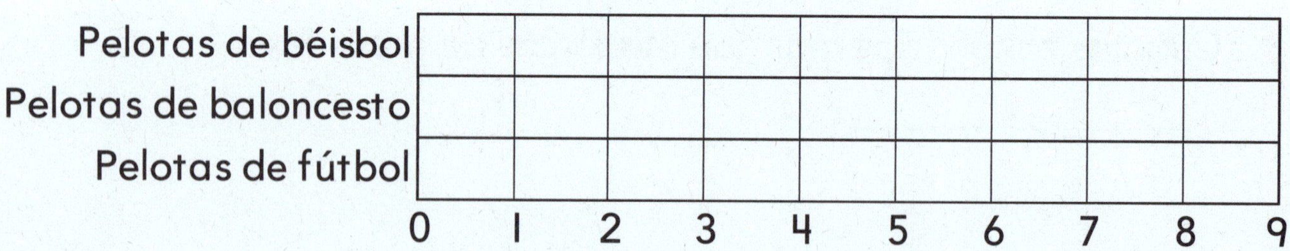

Comprobar la comprensión

Dibuja 3 escalones de diferentes longitudes.
Usa los términos más, menos, mayor cantidad y menor cantidad para comparar los puntos.

Prueba rápida 1 de la Unidad 6

Nombre ______________________ Fecha ____________

1 Escribe cuántos hay en cada grupo.

Lápices	●	●	●	●	●	●			____
Crayones	●	●	●	●	●	●	●	●	____
Marcadores	●	●							____

Usa los datos para completar cada enunciado.

2 Hay ☐ lápices más que marcadores.

3 Hay ☐ crayones más que lápices.

4 Hay ☐ marcadores menos que crayones.

5 Hay ☐ lápices menos que crayones.

Comprobar el conocimiento 15

Nombre _______________ Fecha _______________

Camino al conocimiento

Suma.

1. $\begin{array}{r} 1 \\ +\ 2 \\ \hline \end{array}$

2. $\begin{array}{r} 3 \\ +\ 1 \\ \hline \end{array}$

3. $\begin{array}{r} 2 \\ +\ 3 \\ \hline \end{array}$

4. $\begin{array}{r} 2 \\ +\ 4 \\ \hline \end{array}$

5. $\begin{array}{r} 4 \\ +\ 3 \\ \hline \end{array}$

6. $\begin{array}{r} 6 \\ +\ 1 \\ \hline \end{array}$

7. $\begin{array}{r} 4 \\ +\ 4 \\ \hline \end{array}$

8. $\begin{array}{r} 5 \\ +\ 2 \\ \hline \end{array}$

9. $\begin{array}{r} 4 \\ +\ 5 \\ \hline \end{array}$

10. $\begin{array}{r} 6 \\ +\ 3 \\ \hline \end{array}$

11. $\begin{array}{r} 5 \\ +\ 3 \\ \hline \end{array}$

12. $\begin{array}{r} 8 \\ +\ 2 \\ \hline \end{array}$

13. $\begin{array}{r} 6 \\ +\ 2 \\ \hline \end{array}$

14. $\begin{array}{r} 5 \\ +\ 5 \\ \hline \end{array}$

15. $\begin{array}{r} 2 \\ +\ 7 \\ \hline \end{array}$

Nombre ____________________

Resuelve el problema.
Usa barras de comparación.

Muestra tu trabajo.

1. Teresa tiene 15 bolígrafos y Sam tiene 9. ¿Cuántos bolígrafos más tiene Teresa que Sam?

☐ ____________________
rótulo

2. Teresa tiene 15 bolígrafos y Sam tiene 9. ¿Cuántos bolígrafos menos tiene Sam que Teresa?

☐ ____________________
rótulo

3. Teresa tiene 15 bolígrafos. Sam tiene 6 bolígrafos menos que Teresa. ¿Cuántos bolígrafos tiene Sam?

☐ ____________________
rótulo

4. Sam tiene 9 bolígrafos y Teresa tiene 6 más que Sam. ¿Cuántos bolígrafos tiene Teresa?

☐ ____________________
rótulo

Resuelve el problema. Usa barras de comparación. **Muestra tu trabajo.**

5 Ed ve 9 carros. Alí ve 11 carros. ¿Cuántos carros menos ve Ed que Alí?

☐ ______ rótulo

6 Liz tiene 7 muñecas. Em tiene 3 muñecas. ¿Cuántas muñecas más tiene Liz que Em?

☐ ______ rótulo

7 Noah tiene 10 gorros más que Ben. Ben tiene 10 gorros. ¿Cuántos gorros tiene Noah?

☐ ______ rótulo

8 Jen come 2 guisantes menos que Dan. Dan come 9 guisantes. ¿Cuántos guisantes come Jen?

☐ ______ rótulo

Comprobar la comprensión

Escucha el problema y resuélvelo.

Nombre ______________________

Resuelve y comenta.

1 Hay 14 tigres y 8 osos. ¿Cuántos tigres más que osos hay?

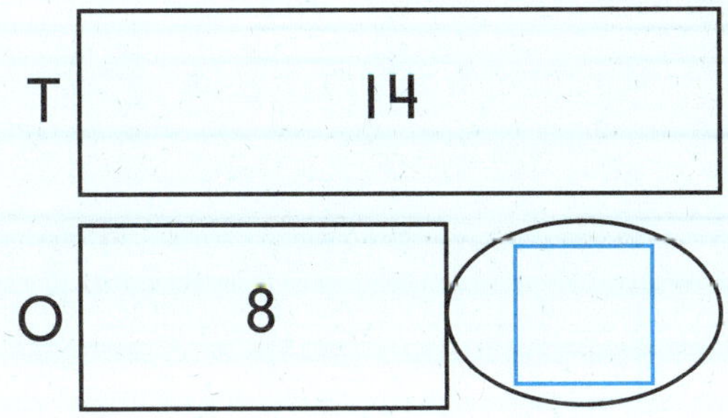

☐ ______________
rótulo

$14 = 8 + \square$

$14 - 8 = \square$

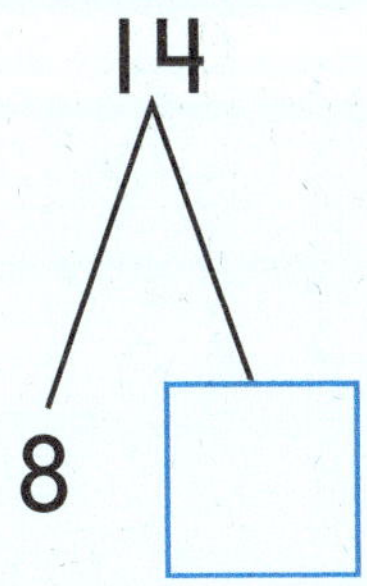

2 Hay 12 leones. Hay 5 camellos menos que leones. ¿Cuántos camellos hay?

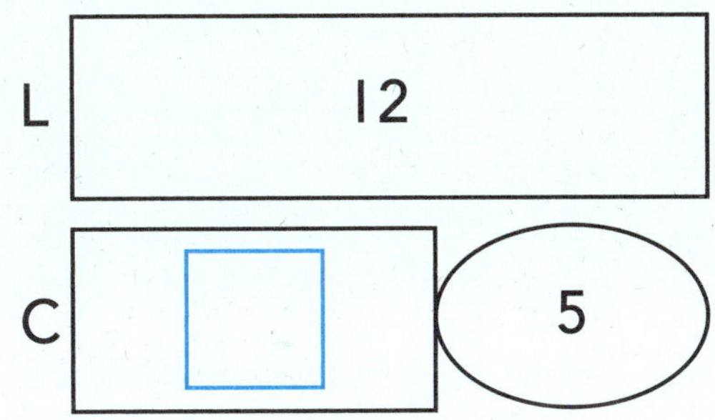

☐ ______________
rótulo

$5 + \square = 12$

$12 - 5 = \square$

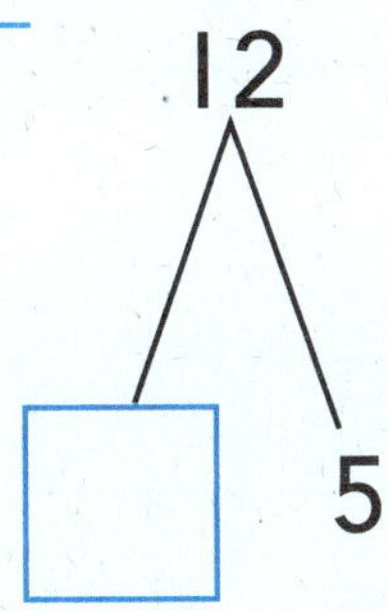

3 Hay 7 elefantes. Hay 6 cebras más que elefantes. ¿Cuántas cebras hay?

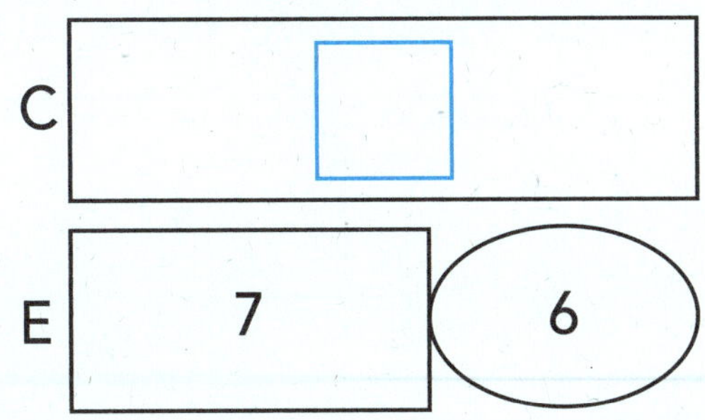

☐ ______________
rótulo

$7 + 6 = \square$

Resuelve el problema. Usa barras de comparación. **Muestra tu trabajo.**

4 Ty anota 5 goles y Jon anota 8. ¿Cuántos goles más anota Jon que Ty?

☐ ______ rótulo

5 Hay 11 carros y 19 camiones en la vía. ¿Cuántos carros menos que camiones hay?

☐ ______ rótulo

6 Veo 8 lilas más que rosas. Veo 9 rosas. ¿Cuántas lilas veo?

☐ ______ rótulo

7 Ken tiene 3 pelotas menos que Meg. Meg tiene 10 pelotas. ¿Cuántas pelotas tiene Ken?

☐ ______ rótulo

Comprobar la comprensión

Escucha y resuelve el problema con barras de comparación.

Nombre ______________________

Resuelve el problema.
Usa barras de comparación.

Muestra tu trabajo.

---

1. La gata de Cory tiene 11 gatitos.
La de Eva tiene 3 gatitos.
¿Cuántos gatitos menos tiene
la gata de Eva que la de Cory?

☐ ______________________
rótulo

---

2. Había 3 bicicletas aquí ayer.
Hoy hay 7 bicicletas más.
¿Cuántas bicicletas hay
aquí hoy?

☐ ______________________
rótulo

---

3. La Srta. Pérez tiene 15 caballos.
El Sr. Drew tiene 9 caballos.
¿Cuántos caballos más tiene
la Srta. Pérez que el Sr. Drew?

☐ ______________________
rótulo

Resuelve el problema. Usa barras de comparación. **Muestra tu trabajo.**

4 Jim explota 5 globos menos que Sadie. Jim explota 9 globos. ¿Cuántos globos explota Sadie?

☐ ______
rótulo

5 Nick camina 12 millas en al bosque. Nick camina 4 millas más que Zia. ¿Cuántas millas camina Zia?

☐ ______
rótulo

Camino al conocimiento Resta.

1 $9 - 1$ 2 $6 - 3$ 3 $8 - 6$ 4 $5 - 5$ 5 $9 - 7$

6 $4 - 2$ 7 $10 - 6$ 8 $9 - 3$ 9 $7 - 5$ 10 $6 - 1$

Comprobar la comprensión

Escucha el problema y usa las barras de comparación y una ecuación para resolver.

Nombre ____________________

Liam recolecta datos en el parque.
Quiere saber cuántos animales pueden volar y cuántos no pueden.

1 Clasifica los animales.
Toma nota con círculos y grupos de 5.

Animales que pueden volar	**Animales que no pueden volar**

Usa los datos para completar.

2 ¿Cuántos animales pueden volar? ____________________

3 ¿Cuántos animales no pueden volar? ____________________

4 ¿Cuántos animales ve Liam en total? ____________________

5 ¿Cuántos animales más pueden volar que animales que no pueden? ____________________

Resuelve.
Muestra tu trabajo.

6 Hay 8 columpios y 12 niños quieren columpiarse. ¿Cuántos niños deben esperar para columpiarse?

☐ ______________
rótulo

---

7 Hay 10 bicicletas en una rejilla. 7 niños comienzan a montarlas. ¿Cuántas bicicletas no tienen conductor?

☐ ______________
rótulo

Prueba rápida 2 de la Unidad 6

Nombre ____________________ Fecha ____________

Resuelve el problema.
Usa barras de comparación.

Muestra tu trabajo.

1. Keith anota 10 puntos. Eric anota 7. ¿Cuántos puntos menos anota Eric que Keith?

☐ ____________ rótulo

K

E

2. Hay 2 conejos blancos más que marrones. Hay 9 conejos marrones. ¿Cuántos conejos blancos hay?

☐ ____________ rótulo

B

M

3. Don se come 6 uvas más que Meg. Meg se come 12 uvas. ¿Cuántas uvas se come Don?

☐ ____________ rótulo

D

M

Comprobar el conocimiento 16

Nombre ____________________ Fecha ____________

Camino al conocimiento

Resta.

1. $4 - 2$

2. $5 - 1$

3. $3 - 3$

4. $6 - 5$

5. $7 - 4$

6. $6 - 3$

7. $8 - 3$

8. $8 - 8$

9. $7 - 2$

10. $9 - 6$

11. $8 - 5$

12. $9 - 4$

13. $10 - 3$

14. $10 - 8$

15. $9 - 3$

Nombre ____________________ Fecha __________

1 Ordena los animales. Lleva la cuenta con círculos.

2 Escribe cuántos hay en cada grupo.

Líneas										____
Puntos										____
Unicolor										____

Usa los datos. Elige la respuesta.

3 ¿Cuántos animales unicolor hay menos que animales con líneas?

○ 4 ○ 6 ○ 7

4 ¿Cuántos animales hay en total?

○ 9 ○ 16 ○ 19

Repaso/Prueba de la Unidad 6 Nombre ______________________ Fecha ______________

5 Ordena la fruta. Lleva la cuenta con círculos.

Manzanas									____
Plátanos									____
Naranjas									____

6 ¿Es verdadero el enunciado? Elige Sí o No.

Hay más naranjas que plátanos.	○ Sí	○ No
Hay más manzanas que naranjas.	○ Sí	○ No
Hay menos plátanos que manzanas.	○ Sí	○ No

7 ¿Cuántas naranjas menos que manzanas hay? ☐

8 ¿Cuántos plátanos más que naranjas hay? ☐

9 ¿Cuántas frutas hay en total?

☐ ______________________
rótulo

 Nombre ______ Fecha ______

Resuelve el problema.
Usa barras de comparación.

10 Rico ve 5 gatos más que perros. Ve 7 perros. ¿Cuántos gatos ve?

☐ ______
rótulo

---

11 Nori tiene 15 monedas y María tiene 6 monedas. ¿Cuántas monedas más tiene Nori que María?

☐ ______
rótulo

Encierra en un círculo la respuesta. Usa barras de comparación.

12 Kim recoge 13 tulipanes. Emily recoge 8. ¿Cuántos tulipanes menos recoge Emily que Kim?

Emily recoge [5 / 8 / 13] tulipanes menos que Kim.

Nombre ______________________ Fecha __________

13 Una clase va a una salida de campo. Reúnen datos sobre qué lugares visitar. Cada niño vota. La maestra dibuja un círculo por cada voto.

Ideas de salida de campo

Parque	Zoológico	Museo
○○○○○	○○○○○ ○○○○○	○○○○

Escribe dos preguntas sobre los datos. Contesta cada pregunta.

 Nombre ____________________

Clasificar y comparar

Usa las 20 tiras de papel para esta actividad.

1 **Parte A** Clasifica las tiras. Dibuja grupos de 5 y círculos en la tabla para representar cuántas tiras de cada color tienes.

Mis tiras de color		
Rojo	**Azul**	**Amarillo**

Parte B ¿Cuántas tiras **no** son azules?

☐ no azules

Dibuja o indica cómo lo sabes.

2 **Parte A** ¿Cuántas tiras más hay con el color de la mayor cantidad que con el que tiene la menor cantidad de tiras? ☐

Parte B Dibuja o indica cómo lo sabes.

Tarea de rendimiento de la Unidad 6 Nombre ______

Comparar animales

Usa los datos para contestar las preguntas.

Ranas	●	●	●	●					
Conejos	●	●	●	●	●	●	●	●	●
Ciervos	●	●	●	●	●	●	●		

3 **Parte A** Hay ☐ ranas.

Hay ☐ ranas menos que ciervos.

¿Cuántas ranas y conejos hay?

☐ ranas y conejos

Parte B ¿Cuántos conejos más que ciervos hay?

☐ conejos más

Dibuja o indica cómo lo sabes.

4 **Parte A** ¿Cuántos animales hay en total?

☐ animales

Parte B Dibuja o indica cómo lo sabes.

Dear Family:

Your child has begun a unit that focuses on measurement and geometry. Children will begin the unit by learning to tell and write time in hours and half-hours on an analog and digital clock.

2:00

hour : minute

Later in the unit, children will work with both 2-dimensional and 3-dimensional shapes.

They will learn to distinguish between defining and non-defining attributes of shapes. For example, rectangles have four sides and four square corners. A square is a special kind of rectangle with all sides the same length. The shapes below are different sizes, colors, and orientations, but they are all rectangles.

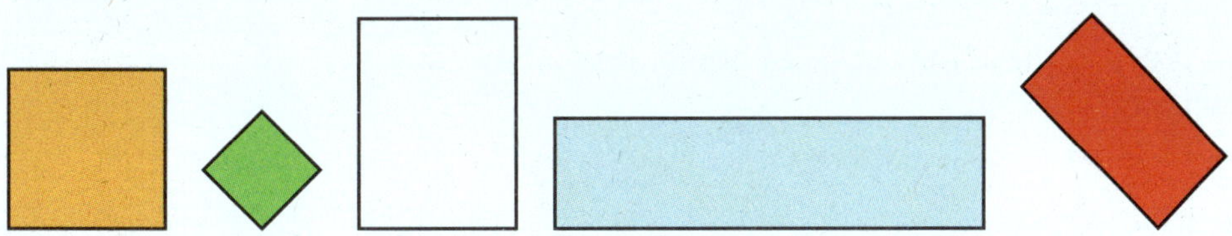

Later in the unit, children will compose shapes to create new shapes.

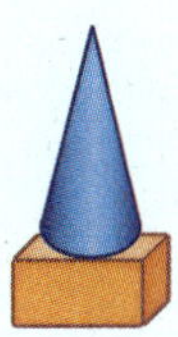

A cone and a rectangular prism were used to make this new shape.

Children will also learn to partition circles and rectangles into two and four equal shares. They describe the shares using the words *halves*, *fourths*, and *quarters*.

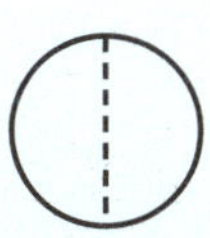

This circle is partitioned into halves.

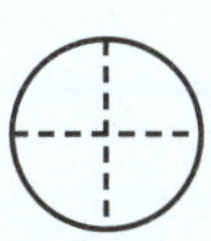

This circle is partitioned into fourths or quarters.

Children generalize that partitioning a shape into more equal shares creates smaller shares: one fourth of the circle above is smaller than one half of the circle.

Another concept in this unit is length measurement. Children order three objects by length.

These objects are in order from longest to shortest.

They also use same-size length units such as paper clips to measure the length of an object.

This ribbon is 4 paper clips long.

You can help your child practice these new skills at home. If you have any questions, please contact me.

Sincerely,
Your child's teacher

Estimada familia:

Su niño ha comenzado una unidad sobre medidas y geometría. Comenzará esta unidad aprendiendo a leer y escribir la hora en punto y la media hora en un reloj analógico y en uno digital.

Después, trabajará con figuras bidimensionales y tridimensionales.

Aprenderá a distinguir entre atributos que definen a una figura y los que no la definen. Por ejemplo, los rectángulos tienen cuatro lados y cuatro esquinas. Un cuadrado es un tipo especial de rectángulo que tiene lados de igual longitud. Las figuras de abajo tienen diferente tamaño, color y orientación, pero todas son rectángulos.

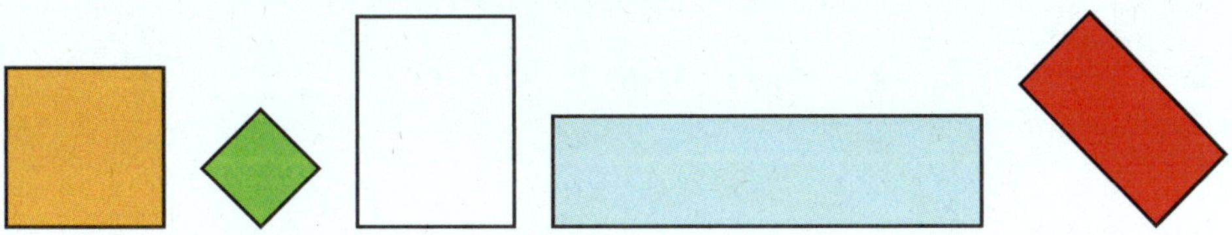

Más adelante en la unidad, los niños acomodarán figuras de diferentes maneras para formar nuevas figuras.

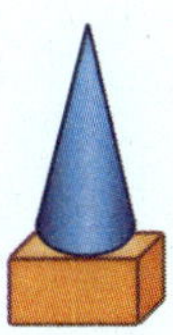

Para formar esta nueva figura se usaron un cono y un prisma rectangular.

También aprenderán a dividir círculos y rectángulos en dos y cuatro partes iguales. Describirán esas partes usando *mitades* y *cuartos*.

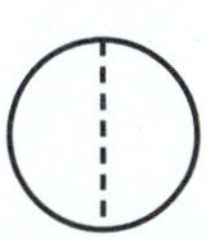

Este círculo está dividido en mitades.

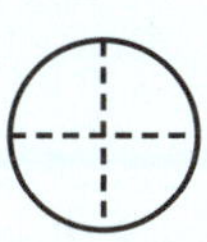

Este círculo está dividido en cuartos.

Deducirán que si dividen un figura en más partes iguales, obtendrán partes más pequeñas: un cuarto del círculo es más pequeño que una mitad.

Otro concepto que se enseña en esta unidad es la medición de longitudes. Los niños ordenan tres objetos según su longitud.

Estos objetos están en orden del más largo al más corto.

También usan unidades de la misma longitud, tales como clips, para medir la longitud de un objeto.

Esta cinta mide 4 clips de longitud.

Usted puede ayudar a su niño a practicar estas nuevas destrezas en casa. Si tiene alguna pregunta, comuníquese conmigo.

Atentamente,
El maestro de su niño

círculo	cubo
reloj	cilindro
cono	partes iguales

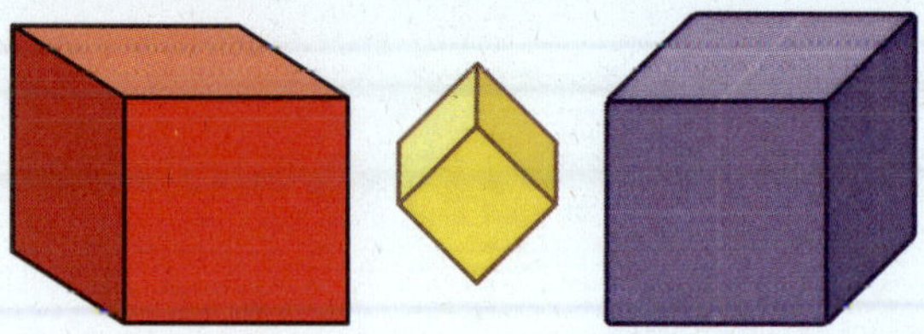

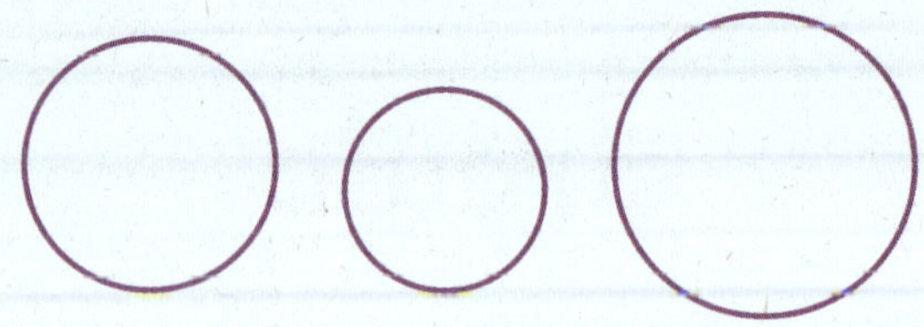

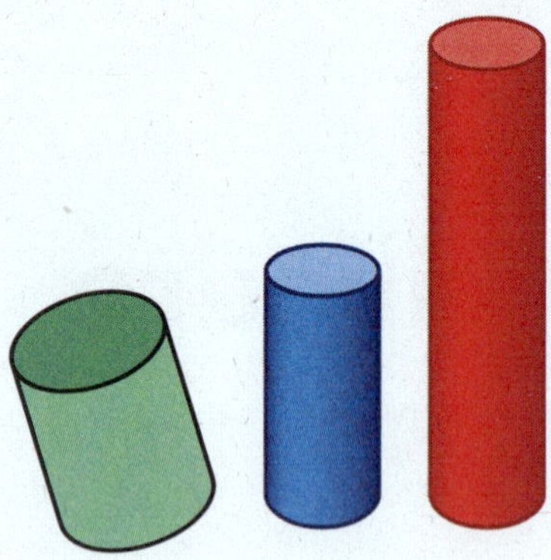

reloj analógico

reloj digital

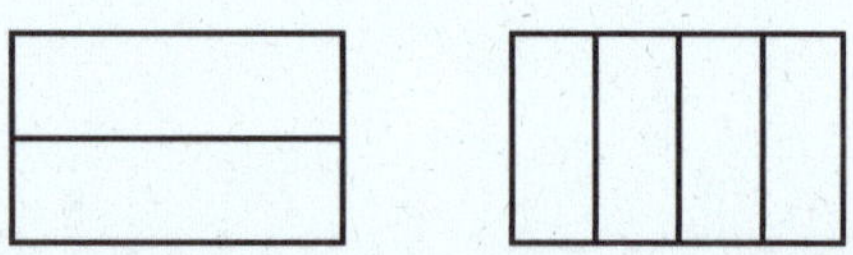

2 partes iguales 4 partes iguales

Se muestran **partes iguales**.

un cuarto de	mitad de
cuartos	mitades
media hora	horario

La **mitad de** la figura está sombreada.

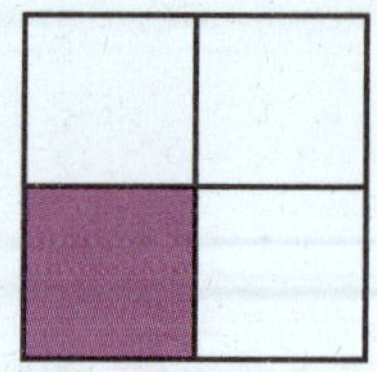

Un cuarto de la figura está sombreado.

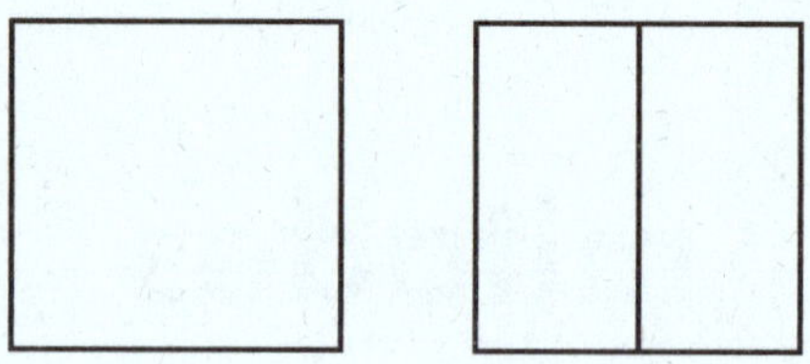

1 entero **2 mitades**

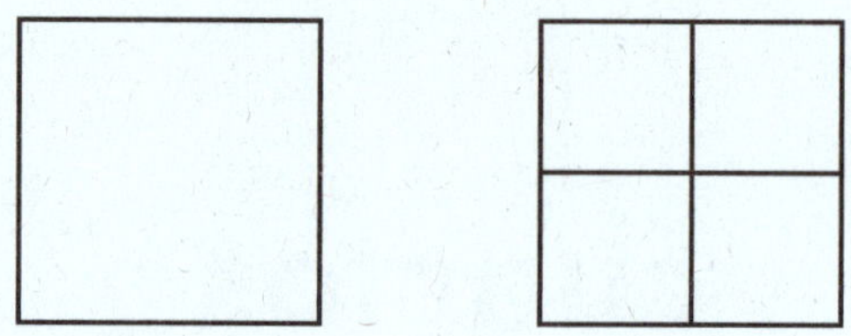

1 entero **4 cuartos**

Una hora son 60 minutos.

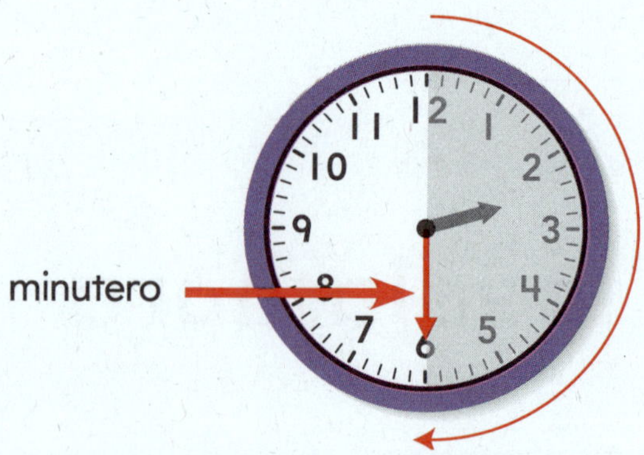

Media hora son 30 minutos.

rectángulo	esfera
prisma rectangular	esquina cuadrada
lado	cuadrado

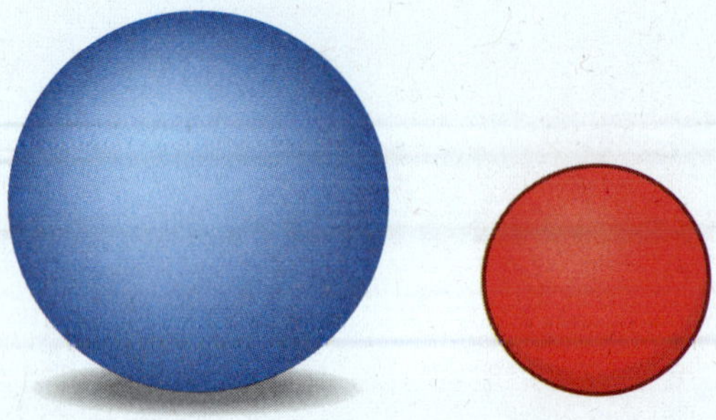

Un cuadrado es un tipo especial de rectángulo.

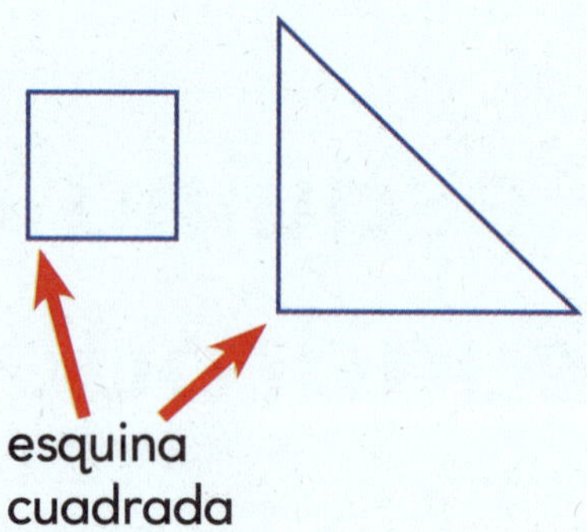
esquina cuadrada

Un cubo es un tipo especial de prisma rectangular.

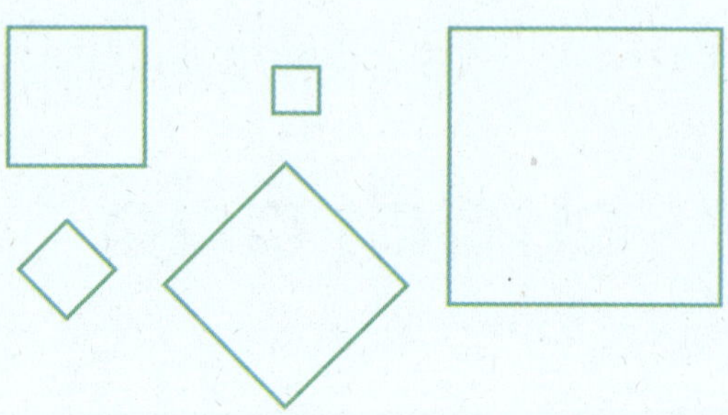

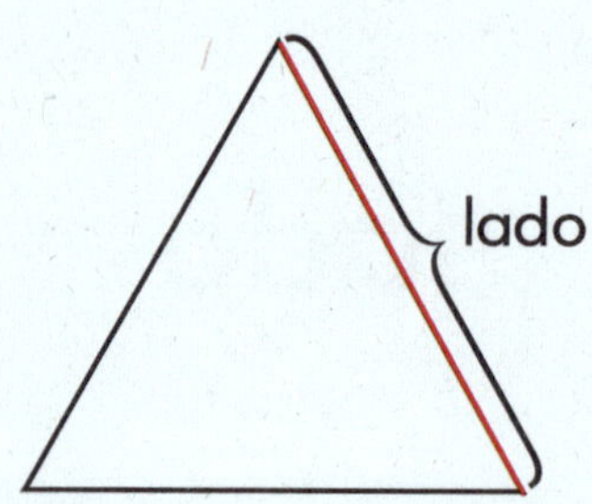
lado

triángulo

Nombre ______________________

Escribe el número para mostrar la hora.

1

_____ en punto

2

_____ en punto

3

_____ en punto

4

_____ en punto

5

_____ en punto

6

_____ en punto

Dibuja líneas con la hora que corresponda.

7 

12:00

8 

2:00

9 

10:00

10 

8:00

11 

5:00

Comprobar la comprensión

Escribe la hora digital para las 9 en punto.

12
1
2
3
4
5
6
7
8
9
10
11

Reloj del estudiante (con manecillas)

Nombre ____________________

VOCABULARIO
reloj

Lee el **reloj**.
Escribe la hora en el reloj digital.

1 

2:00
hora : minuto

2 

___ : ___
hora : minuto

3 

___ : ___

4 

___ : ___

5 

___ : ___

6 

___ : ___

7 

___ : ___

8 

___ : ___

9 

___ : ___

10 

___ : ___

Dibuja el **horario** en el reloj para mostrar la hora.

VOCABULARIO
horario

11 4:00

12 10:00

13 5:00

14 8:00

15 Observa el horario que dibujó el Pingüino Confundido.

3:00

16 Ayuda al Pingüino Confundido.

3:00

Comprobar la comprensión

Muestra las 7 en punto en tu reloj del estudiante. Escribe la hora digital a continuación.

Relojes para el libro "Nuestro día ocupado"

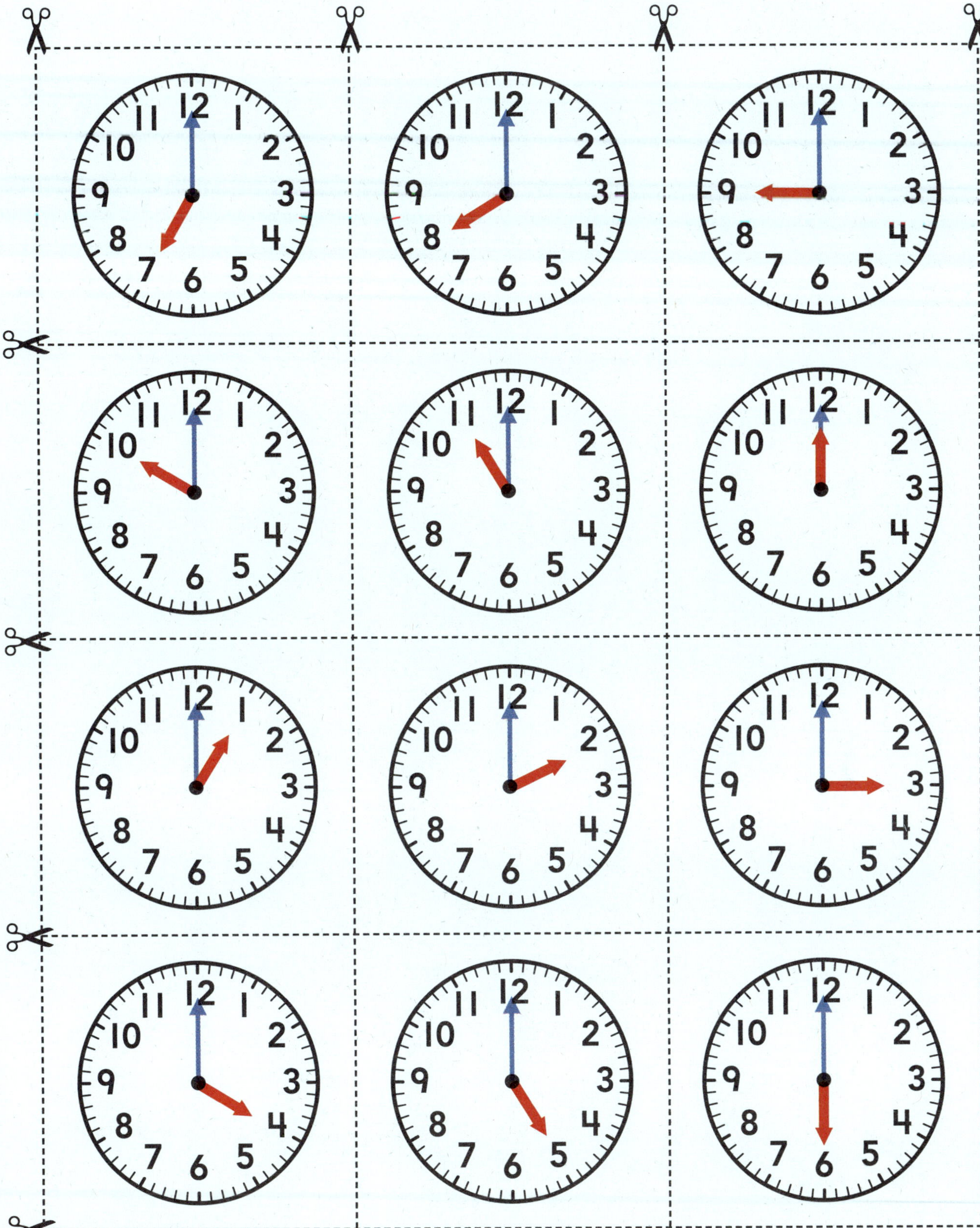

Nombre ________________________________

Lee el reloj.
Escribe la hora en el reloj digital.

1

[:]
hora : minuto

2

[:]
hora : minuto

3

[:]

4

[:]

Dibuja el horario en el reloj
para mostrar la hora.

5

6:00

6

9:00

7

8:00

8

7:00

9

4:00

10

3:00

Rellena el reloj con los números.
Elige una hora.
Dibuja las manecillas para mostrar la hora. Escribe la hora.

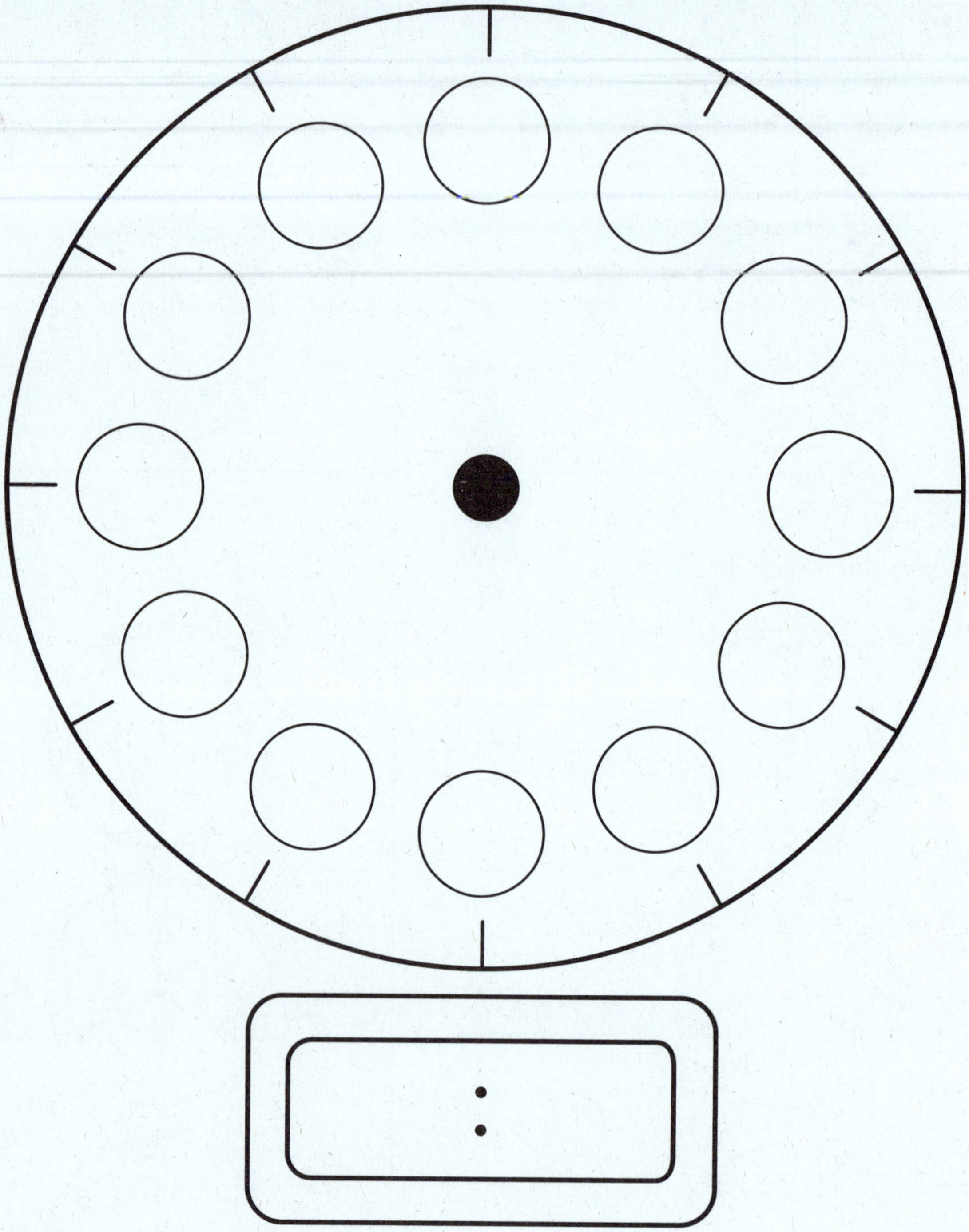

Comprobar la comprensión

Elige otra hora y muestra la hora tanto en el reloj analógico como en el digital.

Nombre ______________________________

VOCABULARIO
media hora

Lee el reloj.
Escribe la **media hora** en el reloj digital.

1

 :

hora : minuto

2

 :

hora : minuto

3

 :

4

 :

5

 :

6

 :

7

 :

8

 :

9

 :

10

 :

Encierra en un círculo el reloj que muestra la hora correcta.
Tacha el reloj que muestra la hora equivocada.

11

7:30

12

4:30

13

12:30

14

9:30

15 Observa el horario que dibujó el Pingüino Confundido.

1:30

16 Ayuda al Pingüino Confundido.

1:30

✓ **Comprobar la comprensión**

Muestra las tres y treinta en tu reloj del estudiante y escribe la hora digital.

Nombre ______________________________

Muestra las misma horas y media en ambos relojes.

1

:

2

:

3

:

4

:

5

:

6

:

7

:

8

:

9

:

Muestra la misma hora en ambos relojes.
Elige horas en punto y medias horas.

10

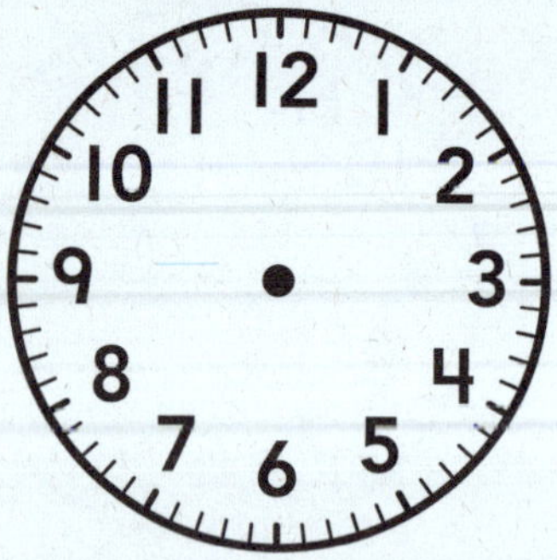

:

11

:

12

:

13

:

14

:

15

:

Camino al conocimiento Calcula la parte desconocida.

1 $4 + \square = 8$ **2** $4 + \square = 10$ **3** $8 + \square = 9$

Comprobar la comprensión

Muestra las ocho y treinta y las ocho en punto en tu reloj para el estudiante y escribe las horas.

Prueba rápida 1 de la Unidad 7

Nombre ______________________ Fecha ______________

Lee la hora.

Escribe la hora en el reloj digital.

1

2

3

4

5

Comprobar el conocimiento 17

Nombre ______________________ Fecha ______________

Camino al conocimiento

Suma.

1. $1 + 1 = \square$
2. $5 + 3 = \square$
3. $3 + 1 = \square$
4. $5 + 5 = \square$
5. $4 + 4 = \square$
6. $5 + 1 = \square$
7. $4 + 3 = \square$
8. $4 + 5 = \square$
9. $5 + 2 = \square$

Halla la parte desconocida.

10. $1 + \square = 8$
11. $3 + \square = 6$
12. $5 + \square = 8$
13. $\square + 3 = 9$
14. $\square + 5 = 10$
15. $\square + 2 = 10$

Nombre ______________________________

VOCABULARIO
- rectángulo
- cuadrado
- lado
- esquina cuadrada

1. ¿Qué figuras NO son **rectángulos** o **cuadrados**? Dibuja una X sobre cada una.

Dibuja la figura.

2. 4 **lados,** 4 **esquinas cuadradas**	3. 4 lados de la misma longitud, 4 esquinas cuadradas

4 Clasifica las figuras en tres grupos:

- Cuadrados
- Rectángulos que no son cuadrados
- Ni rectángulos ni cuadrados

Dibuja cada figura en el lugar correcto del tapete de clasificación.

Cuadrados	Rectángulos que no son cuadrados	Ni rectángulos ni cuadrados

✓ Comprobar el conocimiento

Dibuja un rectángulo. Explica cómo sabes que es un rectángulo.

Nombre ______________________________

VOCABULARIO
triángulo
círculo

1. ¿Qué figuras NO son **triángulos** o **círculos**? Dibuja una X en cada una.

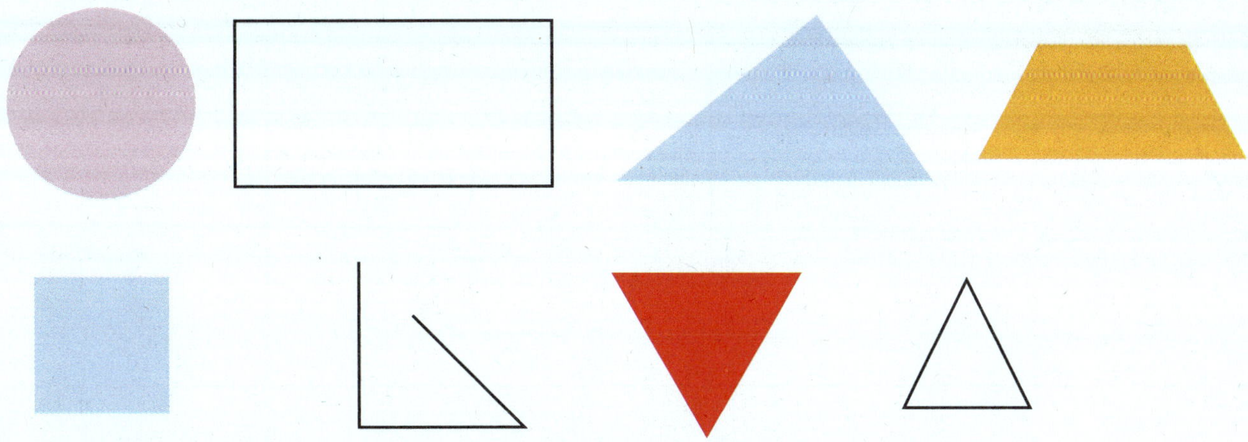

Dibuja la figura.

2. cerrada, 3 lados, 3 esquinas

3. cerrada, sin esquinas

Encierra en un círculo las figuras que siguen la regla de clasificación. Dibuja una figura que se ajuste a la regla.

4 Figuras que sean cerradas

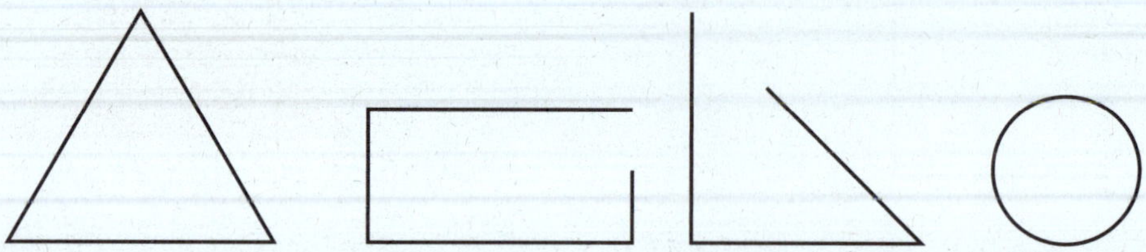

5 Figuras con tres lados y tres esquinas

6 Figuras con una esquina cuadrada

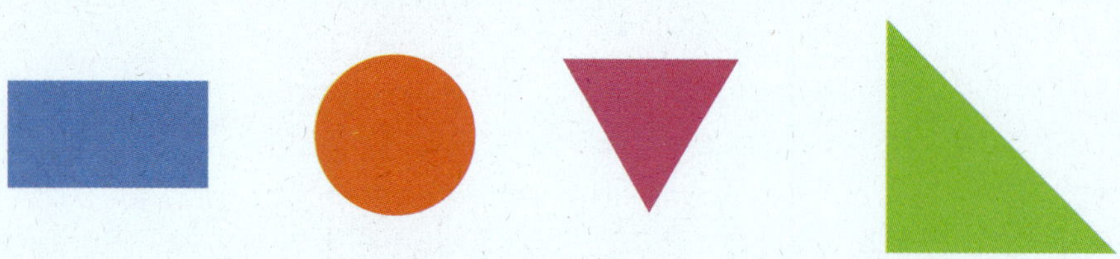

Comprobar el conocimiento

Dibuja y describe un triángulo y un círculo.

Nombre ______________________________

VOCABULARIO
mitades

Recorta las siguientes figuras.
¿De cuántas maneras las puedes doblar en **mitades**?

Nombre ______________________________

VOCABULARIO
- mitad de
- cuartos
- cuarto de

Dibuja una línea para mostrar mitades.
Colorea la **mitad de** la figura.

1 

2 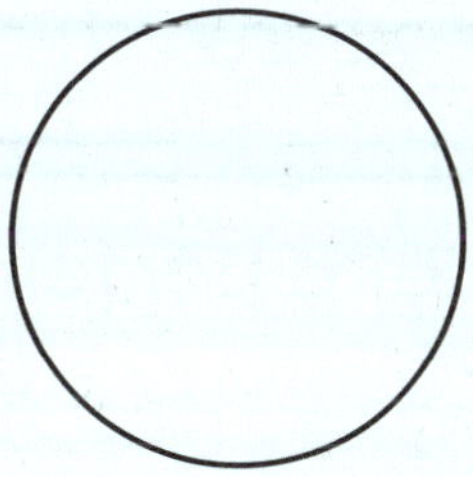

3 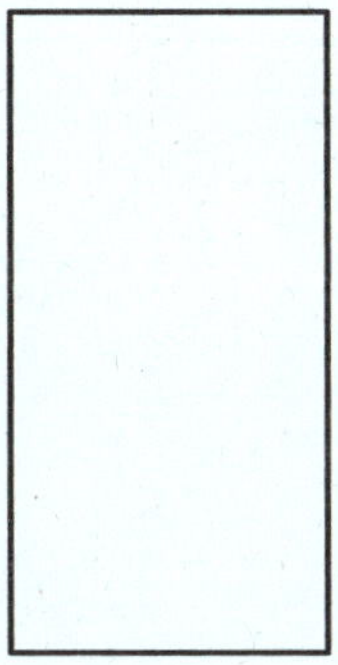

4 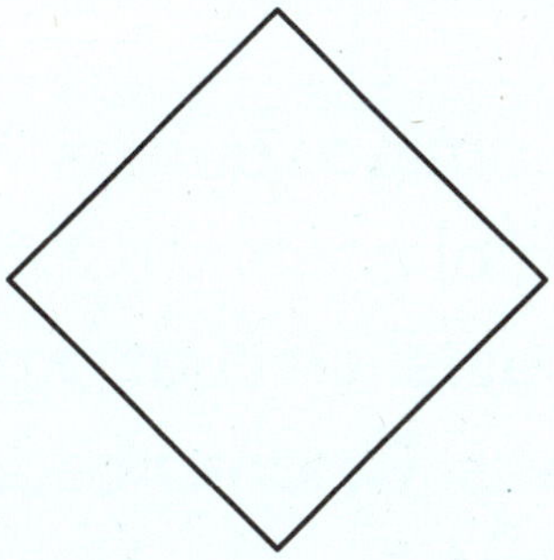

Dibuja líneas para mostrar **cuartos**.
Colorea un **cuarto de** la figura

5 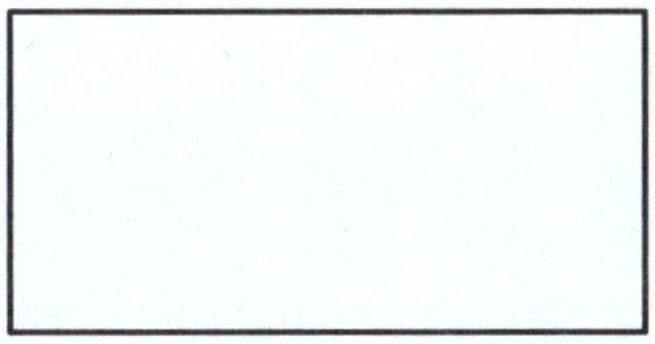

6 

7 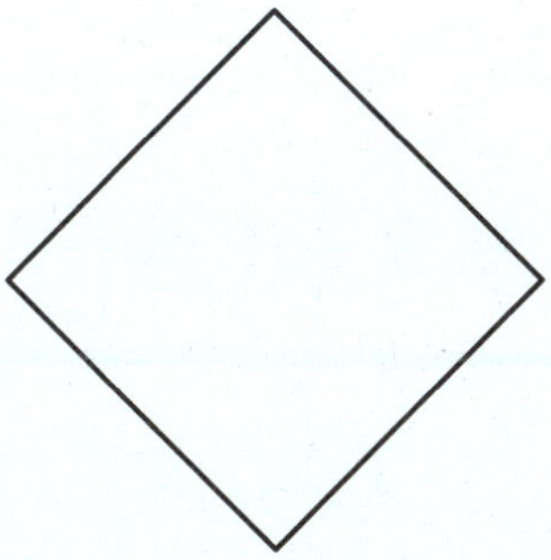

8 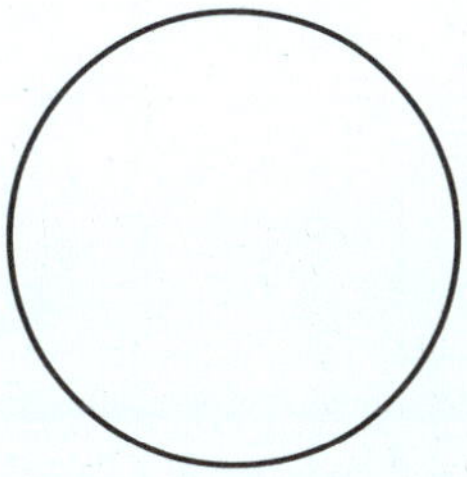

Resuelve el problema

VOCABULARIO
partes iguales

9 Cuatro amigos quieren compartir un sándwich. ¿Cómo pueden cortar el sándwich en cuatro **partes iguales**? Dibuja líneas. Colorea cada parte de un color diferente.

10 Los cuatro amigos quieren compartir un pastel para el postre. ¿Cómo pueden cortar el pastel en cuatro partes iguales? Dibuja líneas. Colorea cada parte de un color diferente.

11 Un amigo solo quiere una mitad de su barra de granola. ¿Cómo puede cortar su barra de granola por la mitad? Dibuja una línea para mostrar dos partes iguales. Colorea cada parte de un color diferente.

Camino al conocimiento **Resta**

1 10 − 3 = ☐ 2 8 − 8 = ☐ 3 9 − 1 = ☐

Comprobar el conocimiento

Muestra dos partes iguales de un círculo.
Muestra cuatro partes iguales de un círculo.

Nombre ______________________________

Construye y dibuja la figura.

1 Construye un cuadrado. Usa rectángulos.

2 Construye un rectángulo con todos los lados de la misma longitud. Usa triángulos con una esquina cuadrada.

3 Construye un rectángulo con dos lados cortos y dos lados largos. Usa triángulos y rectángulos.

Nombre ____________________________________

Usa  para hacer la figura nueva.

4 

5 

6 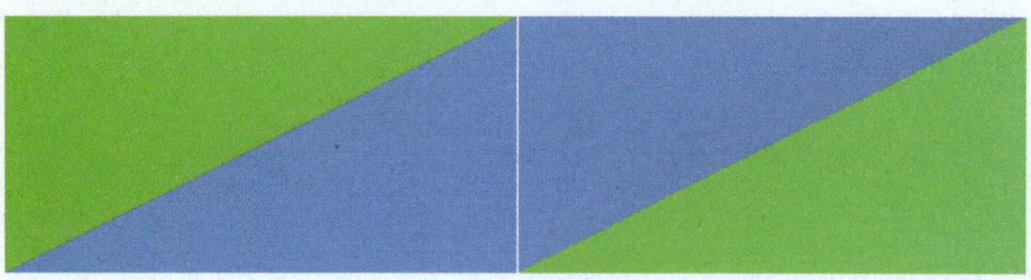

7 Usa  para hacer la figura nueva.

Comprobar el conocimiento

Explica cómo usar figuras para hacer un rectángulo y un triángulo nuevo.

Nombre ______________________

Nombres de figuras
- cono
- cubo
- cilindro
- prisma rectangular
- esfera

Dibuja una línea para emparejar las figuras semejantes. Escribe el nombre de la figura.

1  • •  ______________________

2  • •  ______________________

3  • •  ______________________

4 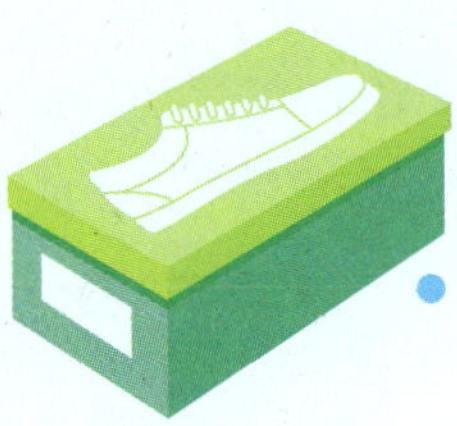 • •  ______________________

5 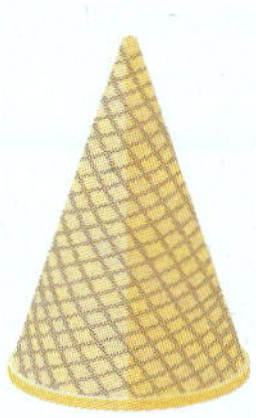 • •  ______________________

6 ¿Qué figuras NO son **prismas rectangulares**?
Dibuja una X en cada una.

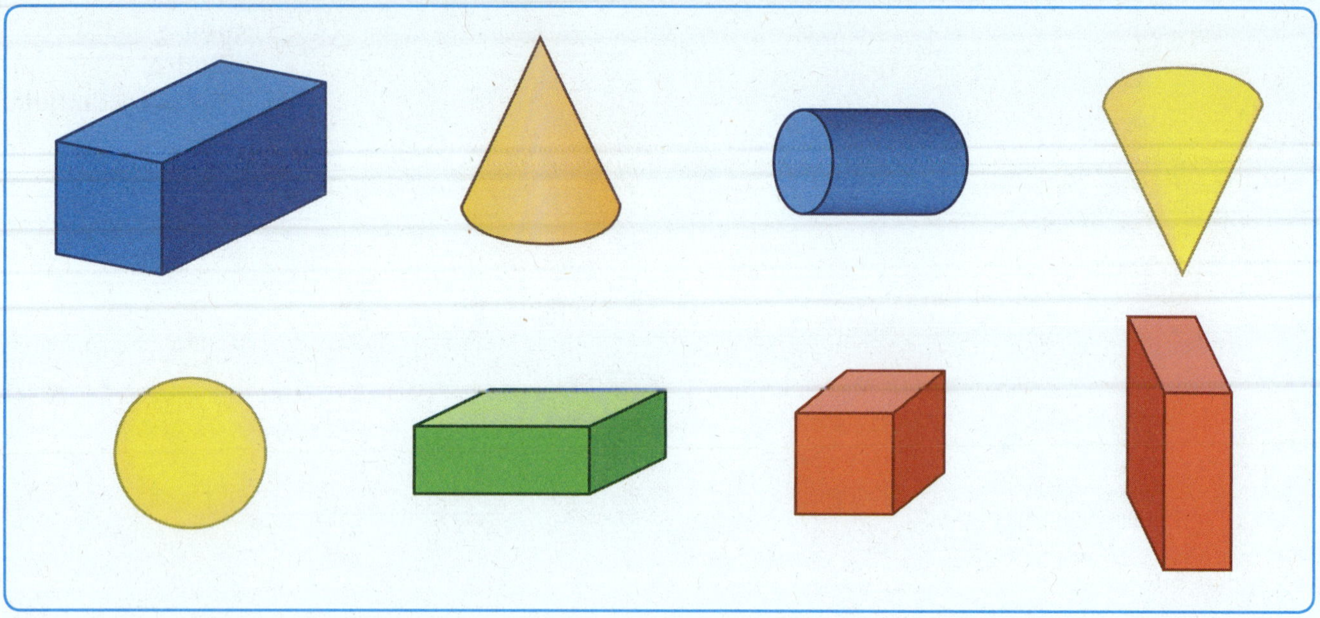

7 Encierra en un círculo las figuras que sean **cubos**.

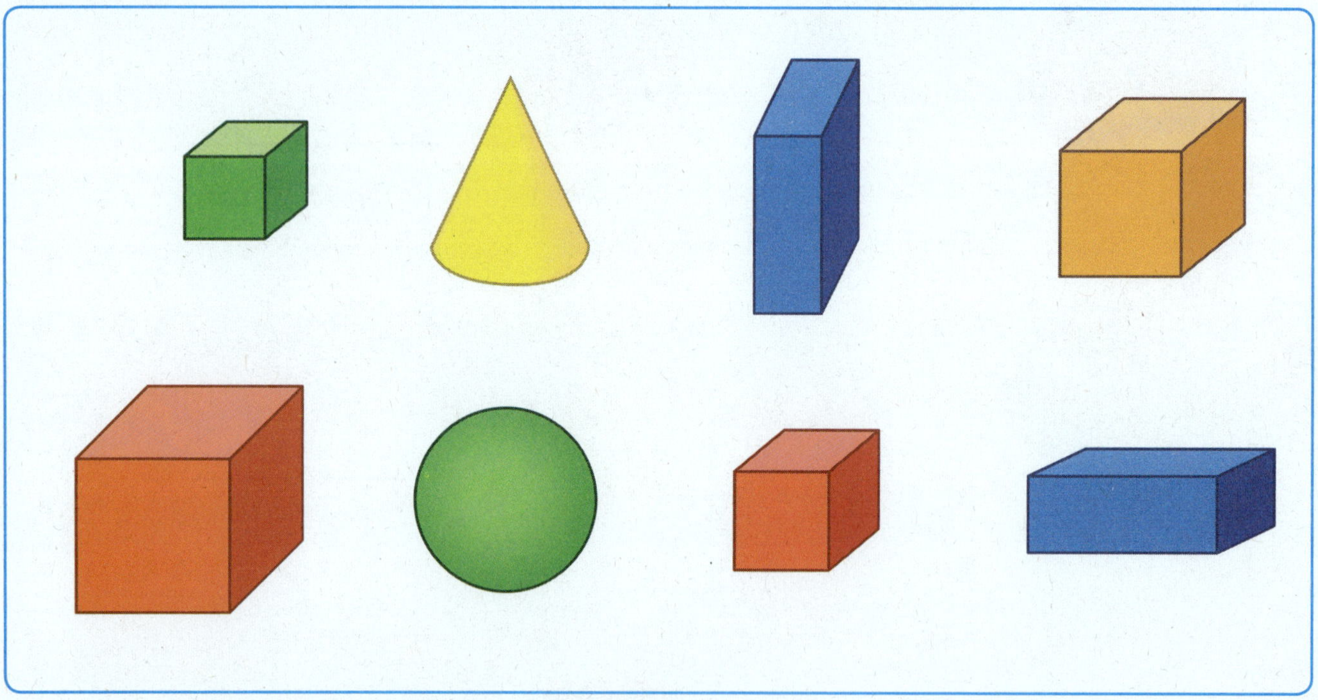

Comprobar el conocimiento
Compara un **cilindro**, un **cono**, y una **esfera**. Explica qué semejanzas y qué diferencias tienen las figuras.

Nombre ________________________________

Encierra en un círculo las figuras que se usaron para formar la figura nueva.

1

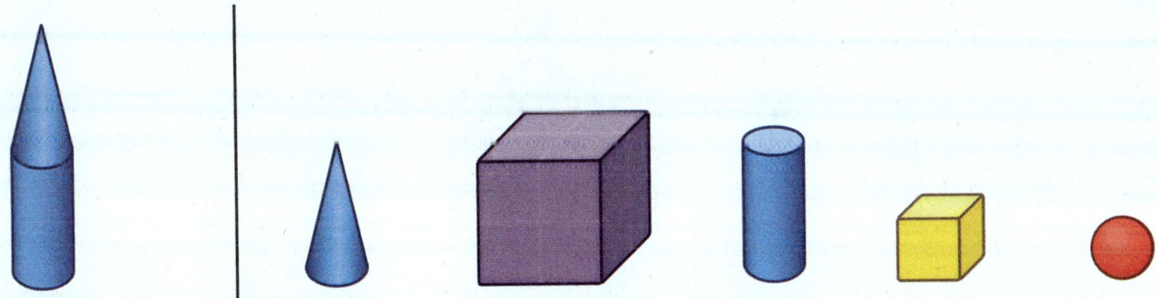

2

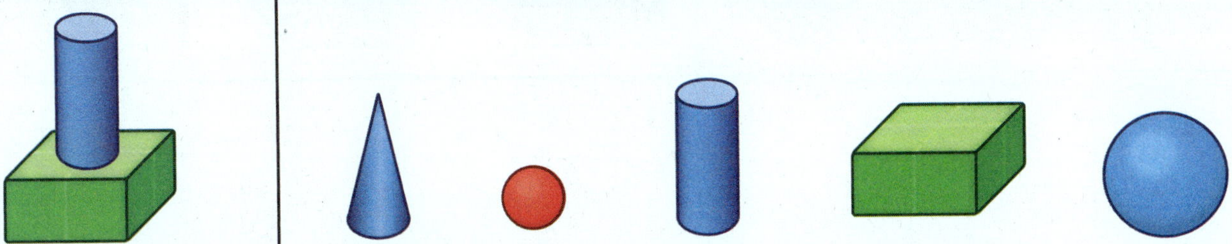

3

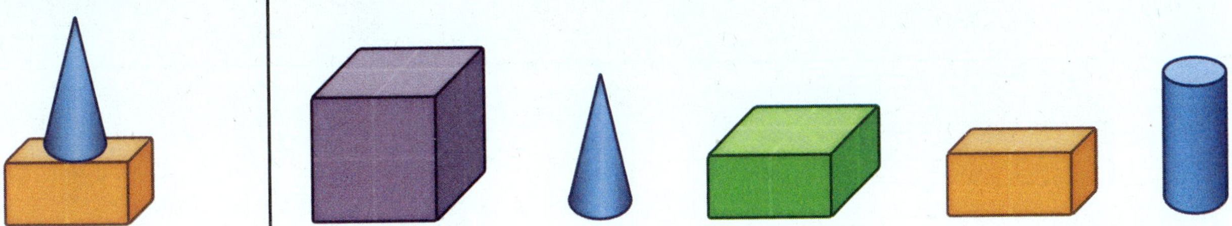

4

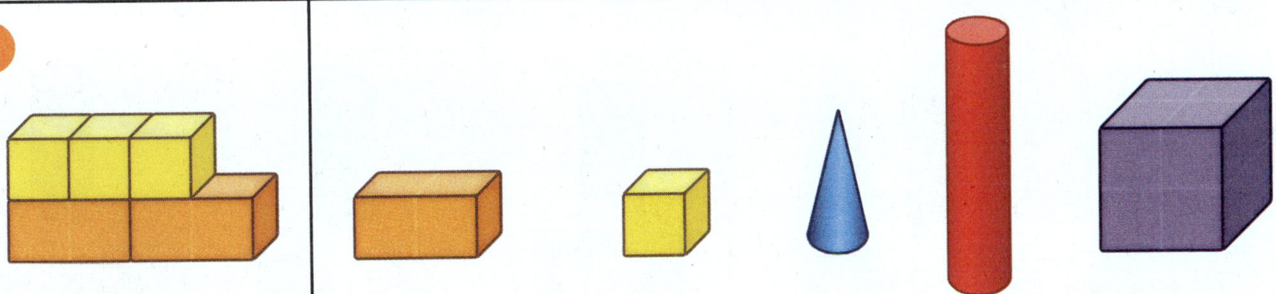

5

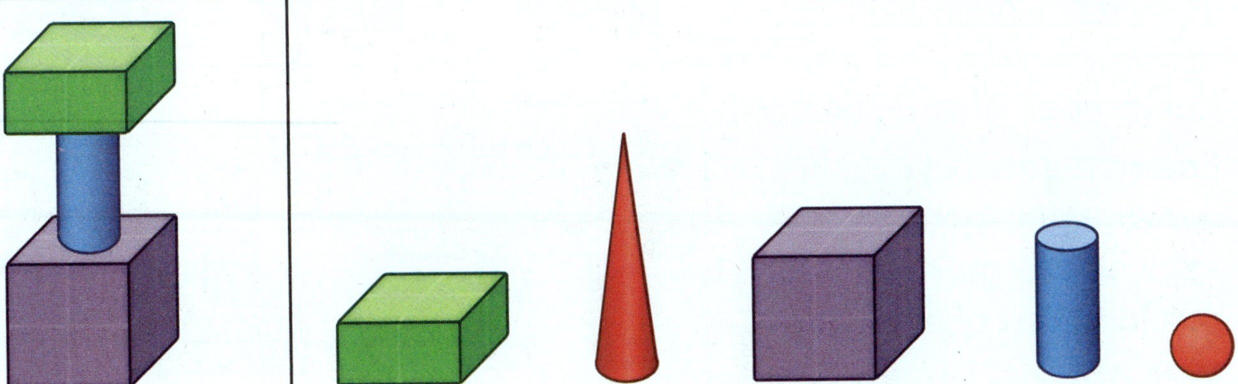

Encierra en un círculo las figuras que se usaron para formar la figura más grande.

6

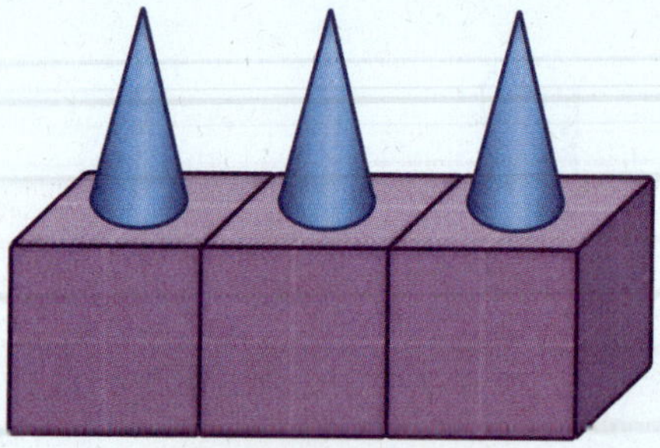

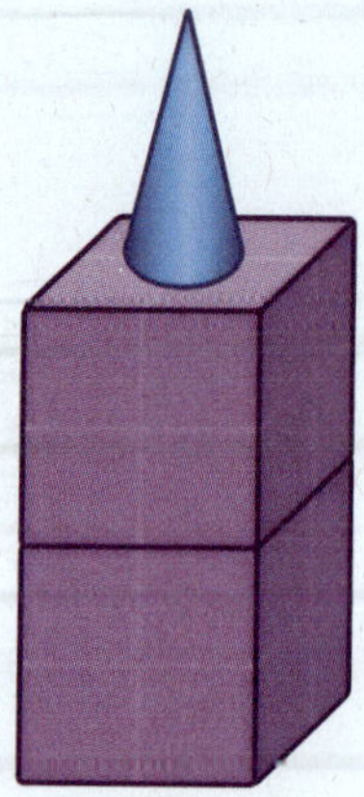

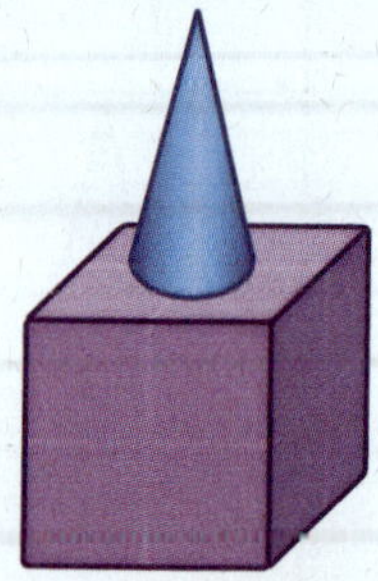

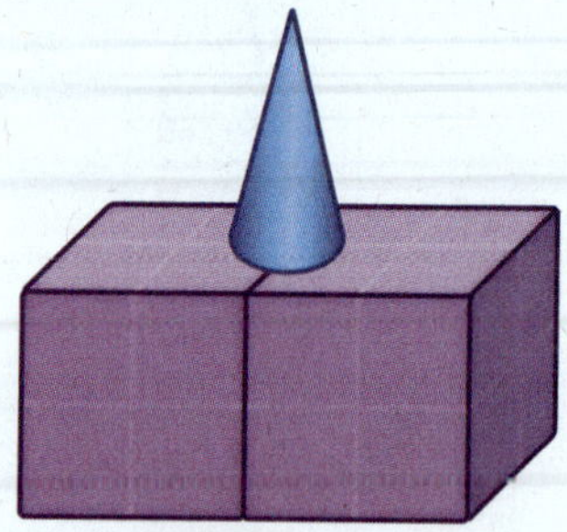

7

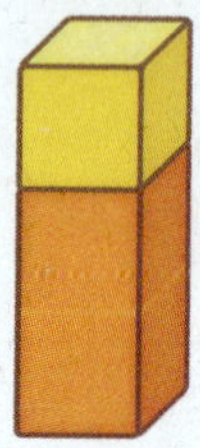

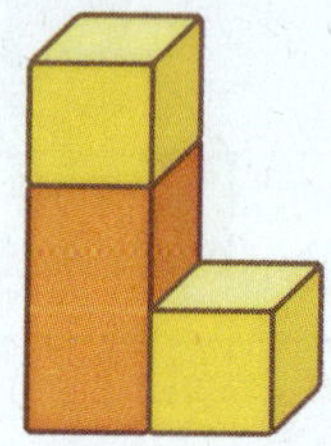

8

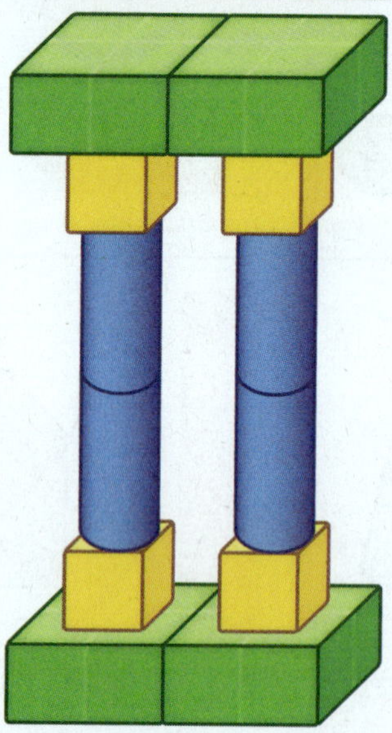

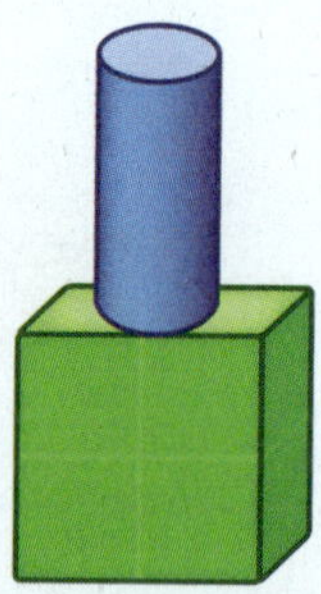

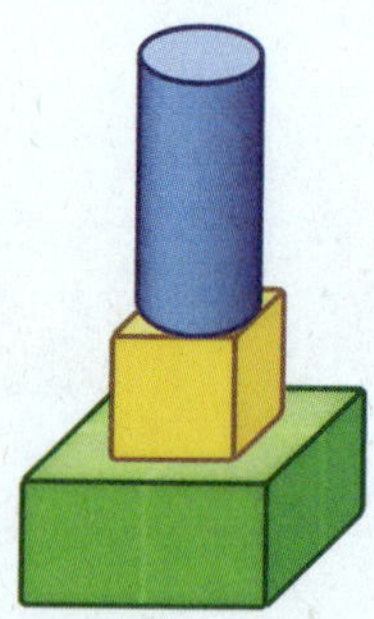

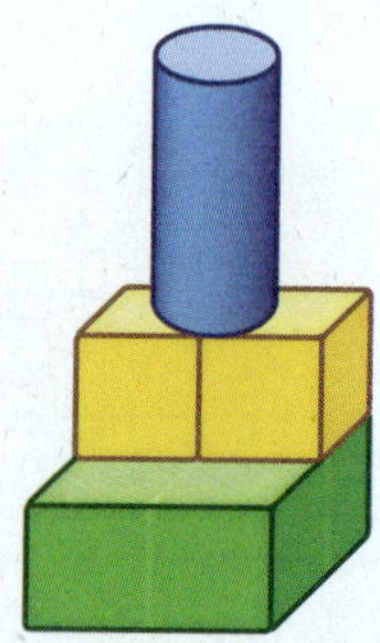

Comprobar el entendimiento

Encierra en un círculo la nueva figura que se puede formar con la figura que se muestra.

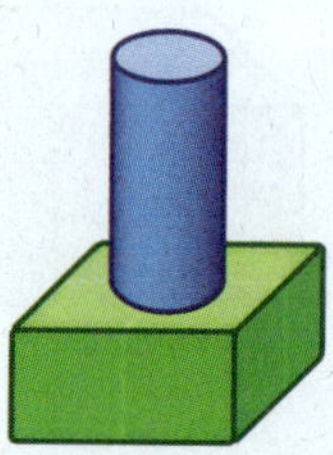

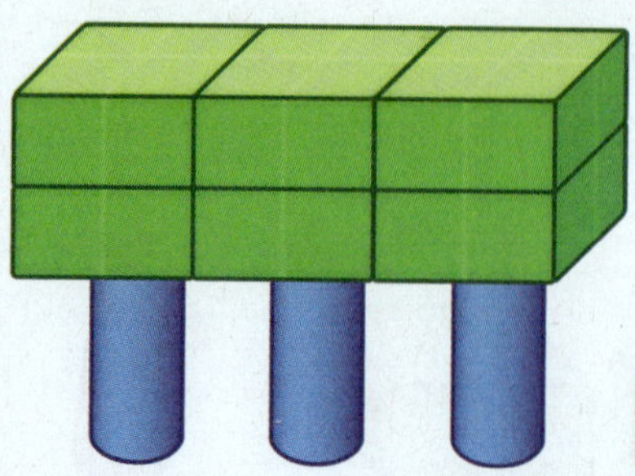

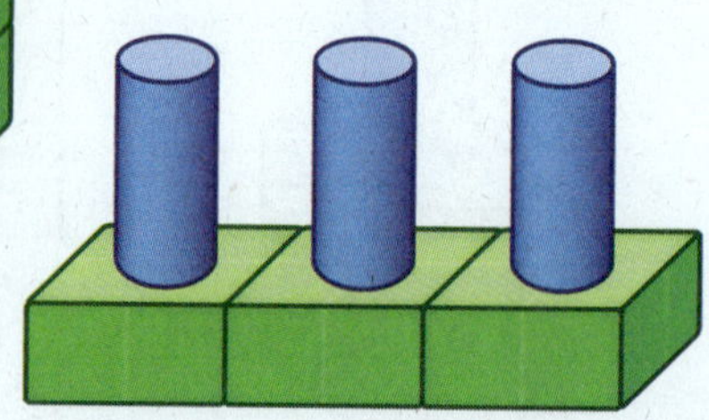

Nombre ______________________ Fecha ______________

1. Dibuja una X en la figura que NO es un cuadrado.

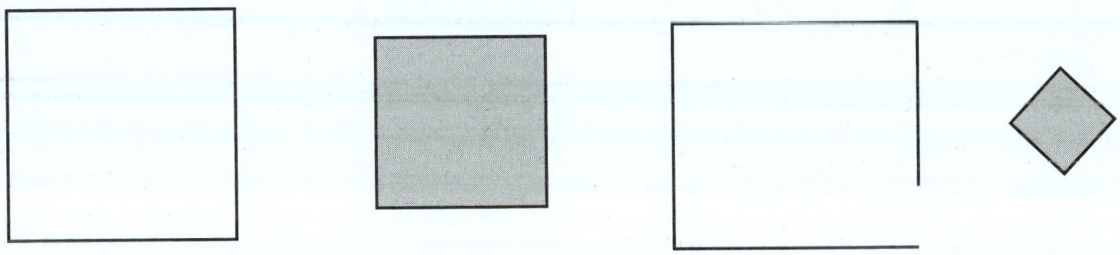

2. Encierra en un círculo las figuras empleadas para formar la figura nueva.

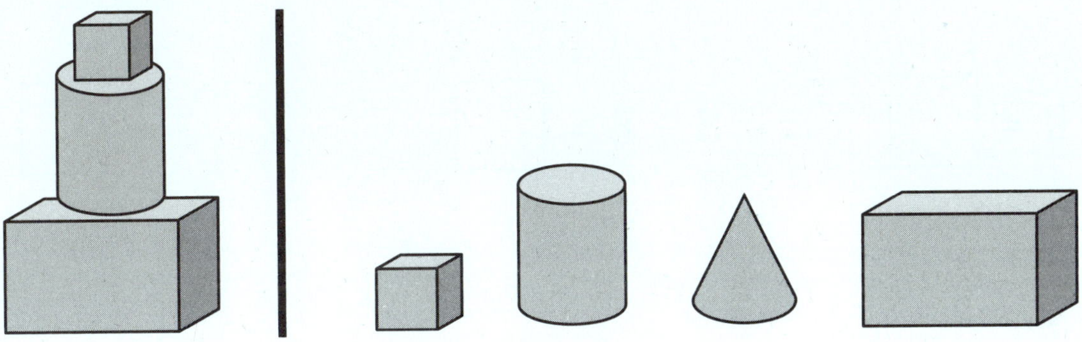

3. Traza una línea para mostrar mitades. Colorea una mitad de la figura.

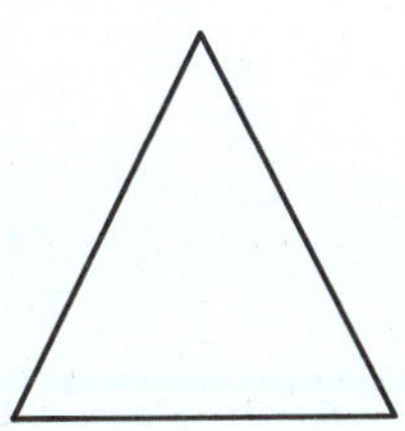

4. Traza líneas para mostrar cuartos. Colorea un cuarto de la figura.

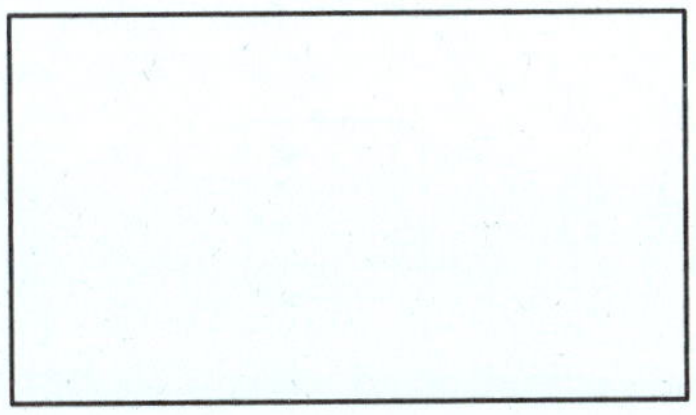

Nombre ____________________ Fecha ____________________

Camino al conocimiento

Resta.

1. $2 - 1 = \square$
2. $4 - 2 = \square$
3. $3 - 0 = \square$
4. $5 - 4 = \square$
5. $6 - 3 = \square$
6. $7 - 5 = \square$
7. $6 - 4 = \square$
8. $8 - 8 = \square$
9. $7 - 3 = \square$
10. $8 - 6 = \square$
11. $9 - 2 = \square$
12. $9 - 5 = \square$
13. $10 - 8 = \square$
14. $8 - 3 = \square$
15. $10 - 4 = \square$

Nombre ____________________

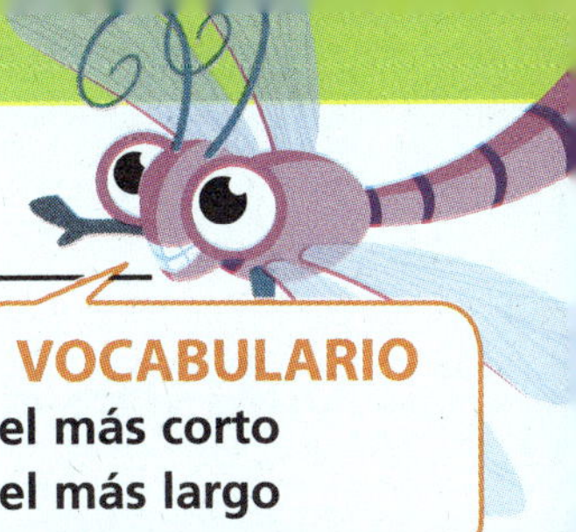

VOCABULARIO
el más corto
el más largo

Escribe 1, 2, 3 para ordenar del **más corto** al **más largo**.

1

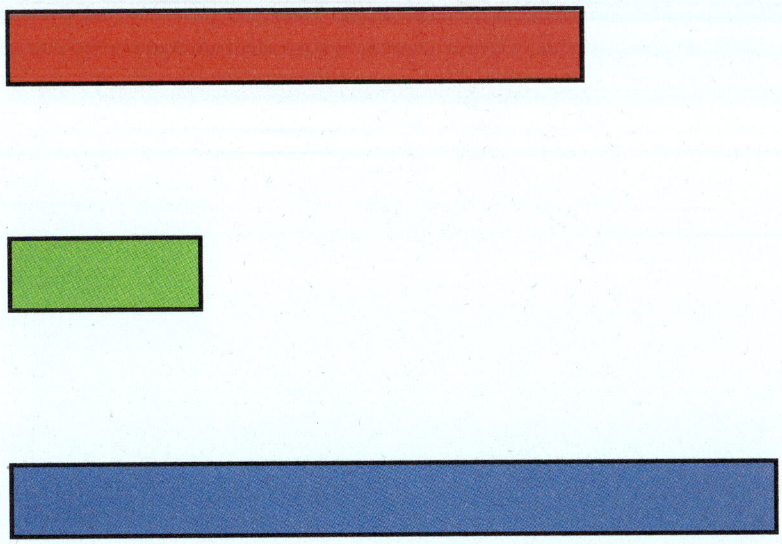

2

Dibuja tres líneas de diferentes longitudes.
Escribe 1, 2, 3 para ordenar de la más larga a la más corta.

3

☐

☐

☐

4

☐

☐

☐

Nombre ____________________

Usa una tira de papel para medir la caja azul.
Luego, mide los objetos con la tira de papel.

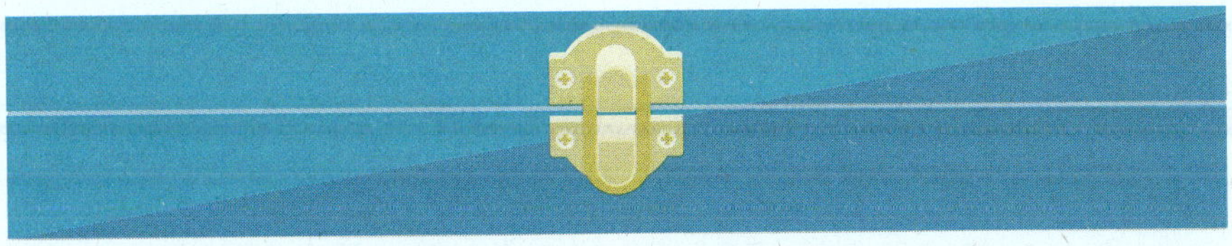

5 Encierra en un círculo los objetos que quepan a lo largo dentro de la caja.

Dibuja para mostrar la posible longitud de cada objeto.

6 La caja azul tiene la misma longitud que la cuerda.
La cuerda es más larga que el lápiz.
La cuerda es más corta que la pajilla y
la cuchara.

cuerda: |

lápiz: |

cuchara: |

pajilla: |

Escribe el objeto correcto.

7 El ________ cabrá dentro de la caja porque es más corto que la caja.

8 La ________ y ________ no cabrán dentro de la caja. Son más largos que la caja.

Comprobar el entendimiento

Explica cómo colocar 3 longitudes de lazos en orden del más corto al más largo.

Nombre ______________________

Usa clips. Mide el objeto.

1 Cinta roja ¿Cuánto mide de largo? ☐ clips

---

2 Cinta azul ¿Cuánto mide de largo? ☐ clips

---

3 Lápiz verde ¿Cuánto mide de largo? ☐ clips

---

4 Lápiz morado ¿Cuánto mide de largo? ☐ clips

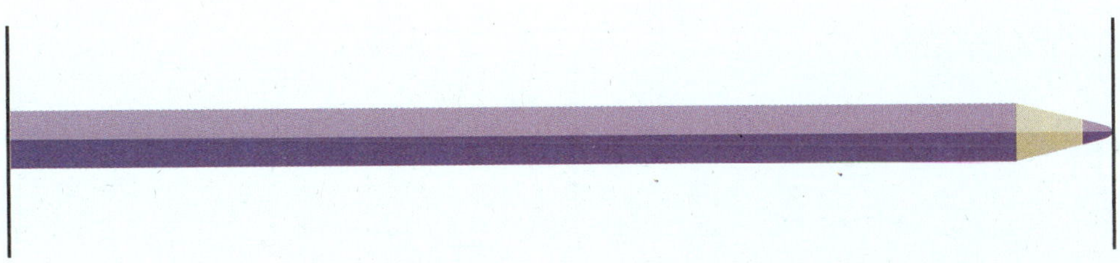

Usa clips. Mide el objeto.

5 Crayón anaranjado ¿Cuánto mide de largo? ☐ clips

6 Pincel azul ¿Cuánto mide de largo? ☐ clips

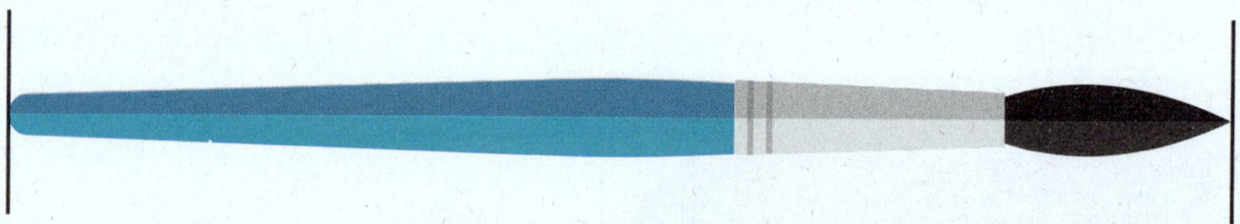

Camino al conocimiento Suma.

1 $7 + 3$

2 $2 + 6$

3 $4 + 5$

4 $1 + 7$

5 $0 + 9$

Comprobar el conocimiento

Usa clips.
Mide la tiza amarilla.

¿Cuánto mide de largo?
☐ clips

Nombre ______________________________

Jay y su familia van de pícnic.
Traza líneas para mostrar partes iguales.

1 Jay quiere compartir su hamburguesa con su mamá. ¿Cómo la puede cortar en dos partes iguales?

---

2 Jay y sus tres hermanas quieren compartir una bandeja de pan de maíz. ¿Cómo pueden cortar el pan en cuatro partes iguales?

---

3 La mamá de Jay y sus tres hermanas quieren compartir un trozo de queso. ¿Cómo pueden cortar el trozo de queso en cuatro partes iguales?

Habrá mucha comida en el pícnic.
Mide la comida con clips pequeños.

4 Trozo de naranja ¿Cuánto mide de largo? ☐ clips

5 Apio ¿Cuánto mide de largo? ☐ clips

6 Galleta ¿Cuánto mide de largo? ☐ clips

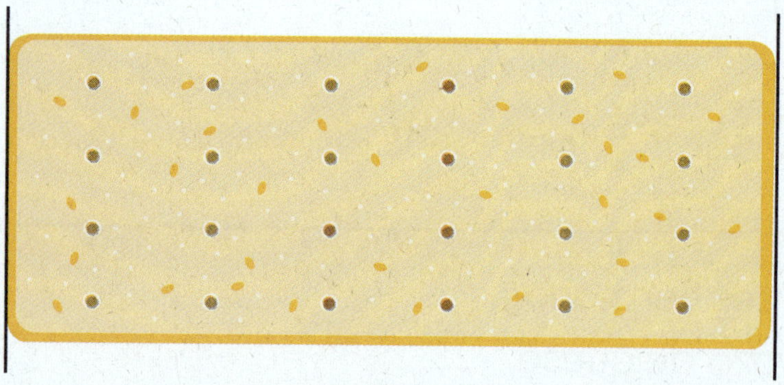

7 Ordena la comida del pícnic de la más larga a la más corta. Escribe los nombres.

____

Prueba rápida 3 de la Unidad 7

Nombre ______________________ Fecha ____________

Escribe 1, 2, 3 para ordenar del más largo al más corto.

1. ☐ ☐ ☐

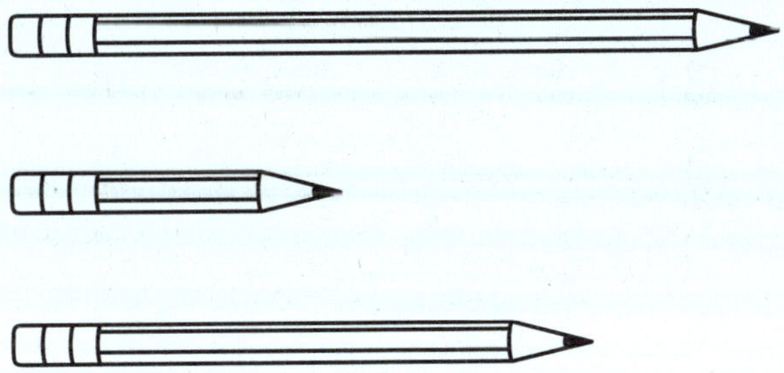

2. ☐ ☐ ☐

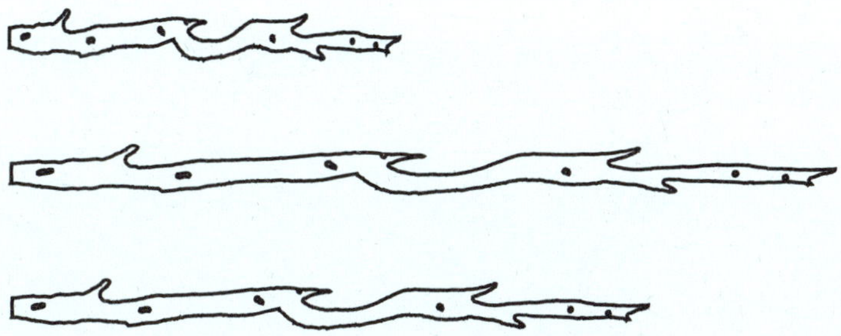

Mide con clips. ¿Cuánto mide de largo?

3.

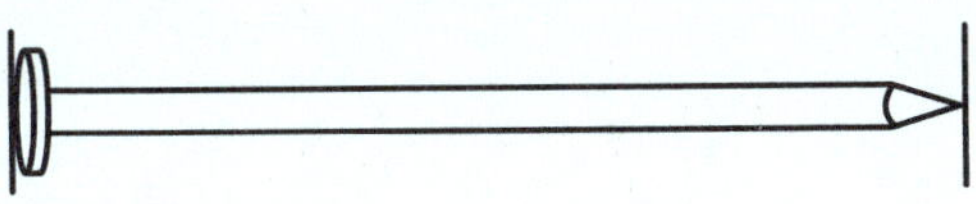

☐ clips

4.

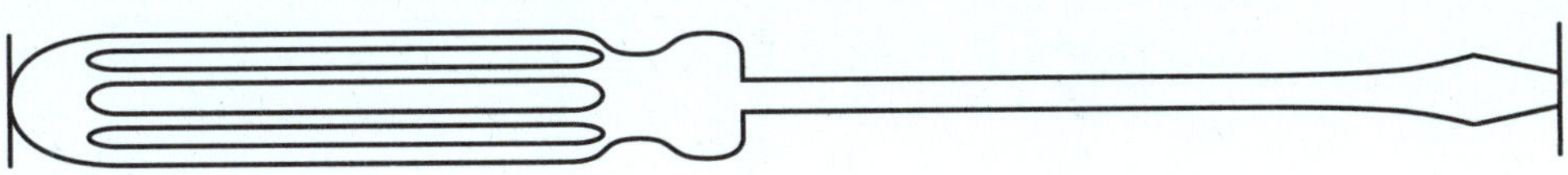

☐ clips

5.

☐ clips

Comprobar el conocimiento 19

Nombre ______________________ Fecha ______

Camino al conocimiento

Suma.

1. $\begin{array}{r} 0 \\ +\ 1 \\ \hline \end{array}$

2. $\begin{array}{r} 3 \\ +\ 0 \\ \hline \end{array}$

3. $\begin{array}{r} 1 \\ +\ 1 \\ \hline \end{array}$

4. $\begin{array}{r} 2 \\ +\ 2 \\ \hline \end{array}$

5. $\begin{array}{r} 1 \\ +\ 5 \\ \hline \end{array}$

6. $\begin{array}{r} 3 \\ +\ 4 \\ \hline \end{array}$

7. $\begin{array}{r} 4 \\ +\ 2 \\ \hline \end{array}$

8. $\begin{array}{r} 8 \\ +\ 0 \\ \hline \end{array}$

9. $\begin{array}{r} 2 \\ +\ 5 \\ \hline \end{array}$

10. $\begin{array}{r} 6 \\ +\ 1 \\ \hline \end{array}$

11. $\begin{array}{r} 3 \\ +\ 5 \\ \hline \end{array}$

12. $\begin{array}{r} 7 \\ +\ 2 \\ \hline \end{array}$

13. $\begin{array}{r} 2 \\ +\ 8 \\ \hline \end{array}$

14. $\begin{array}{r} 3 \\ +\ 6 \\ \hline \end{array}$

15. $\begin{array}{r} 6 \\ +\ 4 \\ \hline \end{array}$

Repaso/Prueba de la Unidad 7 Nombre ____________________ Fecha __________

Lee el reloj.

Escribe la hora en el reloj digital.

1 

[:]

2 

[:]

Dibuja las manecillas para mostrar la hora.

3 8:30

4 3:00

---

5 ¿Qué figuras NO son triángulos?
Dibuja una X en cada una.

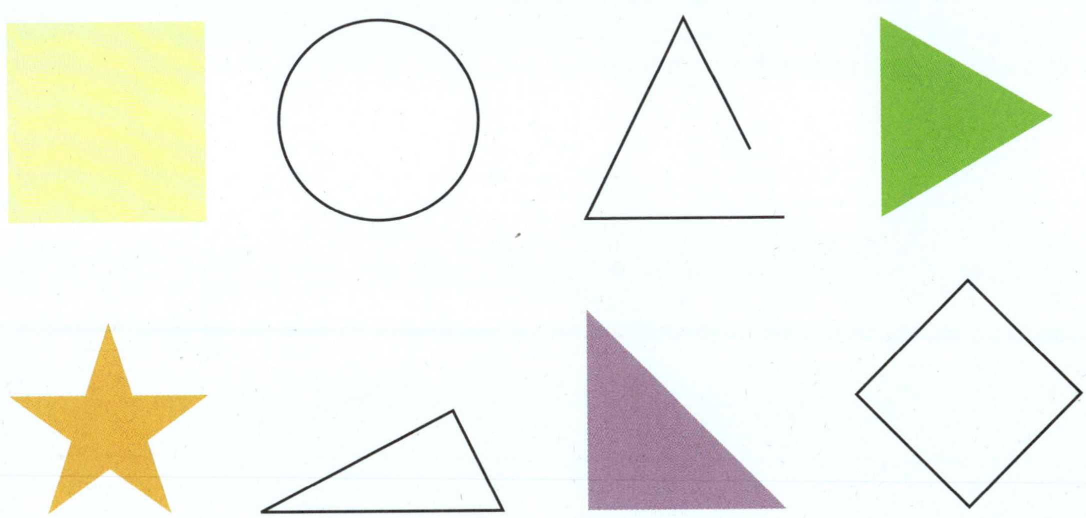

Nombre ______________________ Fecha ____________

6 ¿Es la figura un cuadrado? Elige Sí o No.

○ Sí ○ No

○ Sí ○ No

Dibuja una línea para mostrar mitades.

Colorea una mitad de la figura

7

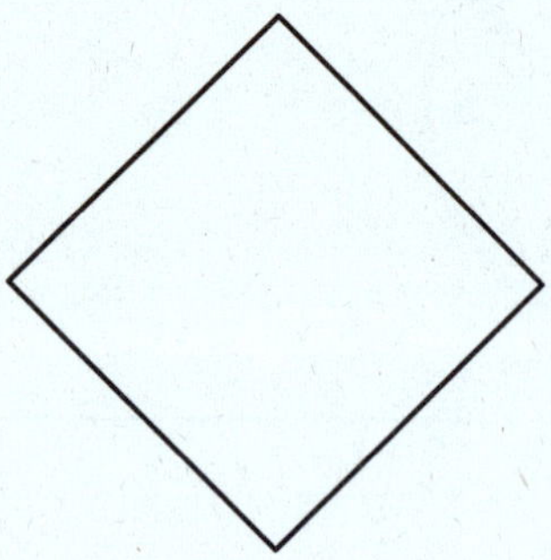

8

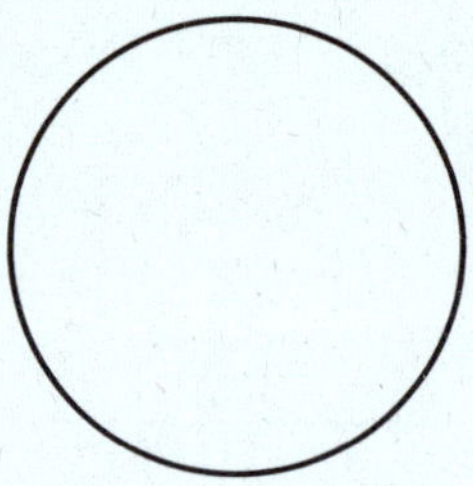

Dibuja líneas para mostrar cuartos.

Colorea un cuarto de la figura.

9

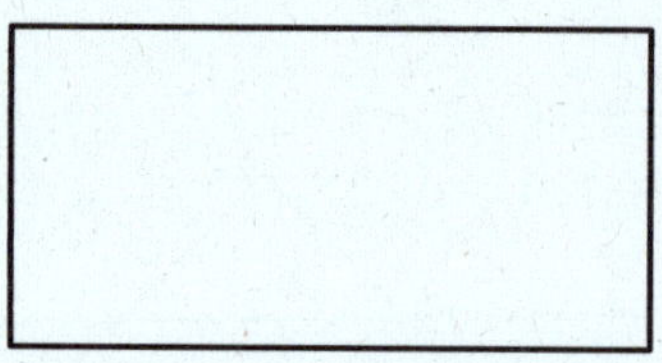

10

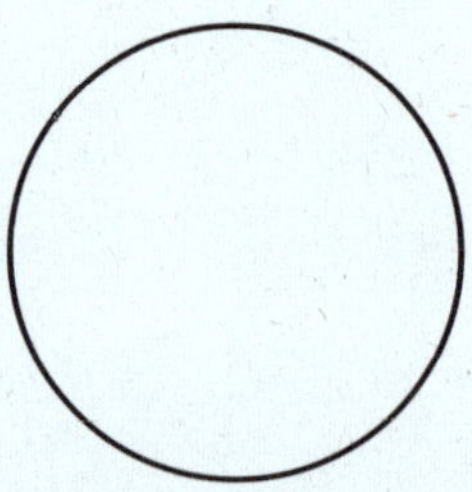

Nombre ____________________ Fecha __________

11 Dibuja una línea desde la figura hasta su nombre.

 • • prisma rectangular

 • • esfera

 • • cilindro

12 Elige las figuras usadas para hacer la figura nueva.

○  ○  ○  ○ 

13 Elige la figura usada para hacer la figura más grande.

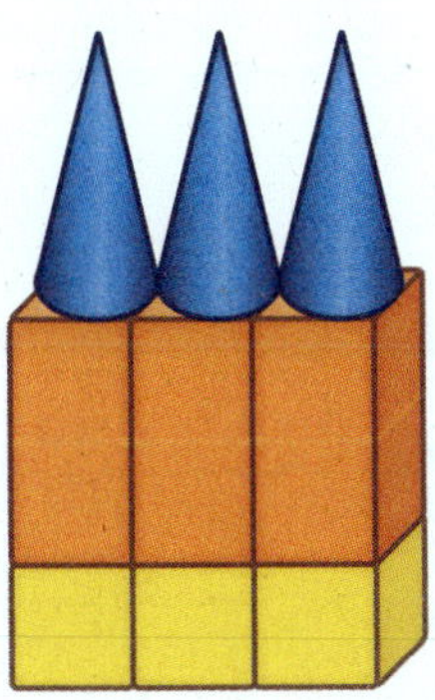

○ 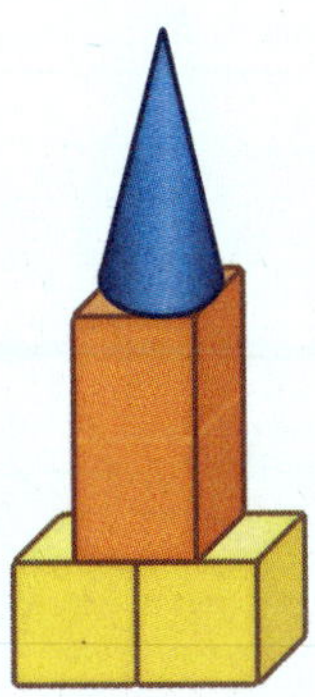 ○ 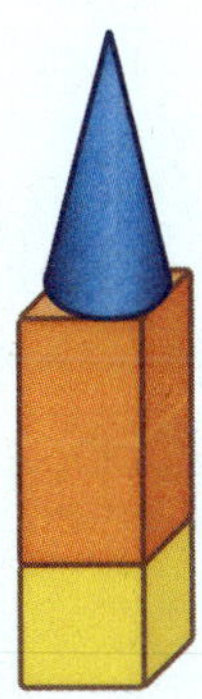 ○ 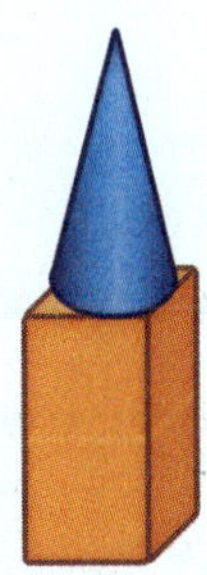

Nombre ____________________ Fecha __________

14 Mide con clips

¿Cuánto mide de largo? ☐ clips

15 Eli tiene este crayón y este lápiz.

Sam le da un borrador que es más corto que el crayón.
¿Es el borrador más corto que el lápiz? Explica.

Tarea de rendimiento de la Unidad 7

Nombre ______________________________

Un día del Insecto Ocupado

1 Parte A

Las manecillas del reloj muestran la hora de dormir del Insecto Ocupado.

Escribe la misma hora en el reloj digital.

Parte B Indica cómo sabes qué hora es.

2 Parte A Esta es la forma de un bocadillo del Insecto Ocupado. Quiere compartir su bocadillo con tres amigos. Dibuja líneas para mostrar cuartos.

Parte B Indica cómo sabes que las partes son cuartos.

Nombre ____________________

Un día del Insecto Ocupado (continuación)

3 **Parte A** Al Insecto Ocupado solo le gustan los cuadrados. Ayúdalo a encontrar los cuadrados. Dibuja una X sobre cada figura que No sea un cuadrado.

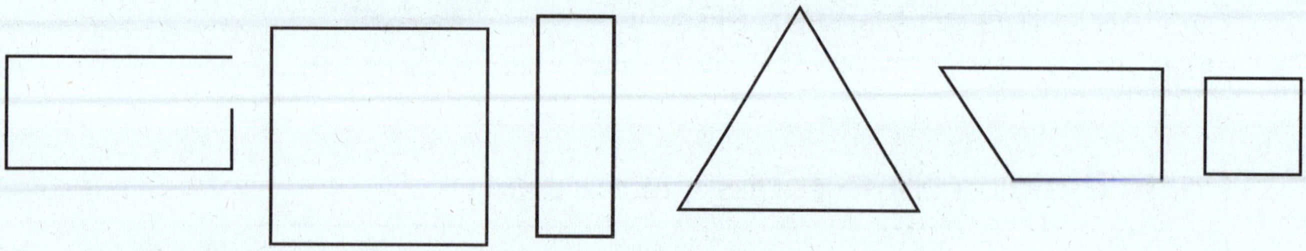

Parte B Indica cómo sabes que una figura es un cuadrado.

4 **Parte A**

Este es el palo para caminar del Insecto Ocupado.

Esta es la cama del Insecto Ocupado. ¿Cuántos clips de largo mide la cama?

☐ ____________

Parte B

La mesa del Insecto Ocupado es más larga que su palo para caminar. Es más corta que su cama. Dibuja la mesa del Insecto Ocupado.

Dear Family:

Your child will be using special drawings of 10-sticks and circles to add greater numbers. The sticks show the number of tens, and the circles show the number of ones. When a new group of ten is made, a ring is drawn around it.

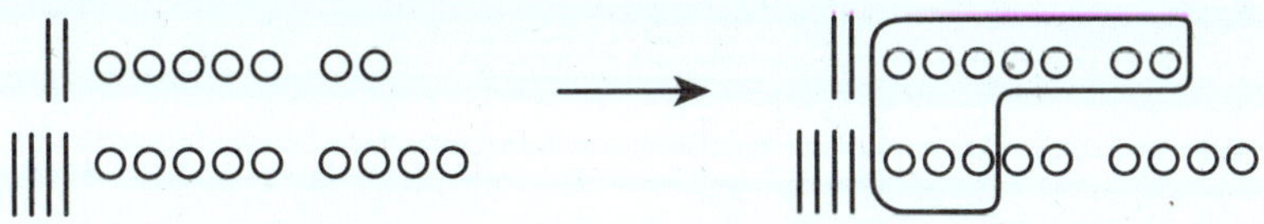

There are several ways for children to show the new group of ten when they add 2-digit numbers.

- Children can do the addition with a single total. The 1 for the new ten can be written either below the tens column or above it. Writing it below makes addition easier because the 1 new ten is added after children have added the two numbers that are already there. Also, children can see the 16 they made from 7 and 9 because the 1 and 6 are closer together than they were when the new ten was written above.

$$\begin{array}{r} 27 \\ +\ 49 \\ \hline {}_{1}\ \ \\ 76 \end{array}$$ **new ten below**

$$\begin{array}{r} {}^{1}\ \ \\ 27 \\ +\ 49 \\ \hline 76 \end{array}$$ **new ten above**

- Children can make separate totals for tens and ones. Many first-graders prefer to work from left to right because that is how they read. They add the tens (20 + 40 = 60) and then the ones (7 + 9 = 16). The last step is to add the two totals together (60 + 16 = 76).

$$\begin{array}{r} 27 \\ +\ 49 \\ \hline 60 \\ 16 \\ \hline 76 \end{array}$$ **left to right**

$$\begin{array}{r} 27 \\ +\ 49 \\ \hline 16 \\ 60 \\ \hline 76 \end{array}$$ **right to left**

You may notice your child using one of these methods as he or she completes homework.

Sincerely,
Your child's teacher

Estimada familia:

Su niño usará dibujos especiales de palitos de decenas y círculos para sumar números más grandes. Los palitos muestran el número de decenas y los círculos muestran el número de unidades. Cuando se forma un nuevo grupo de diez, se encierra.

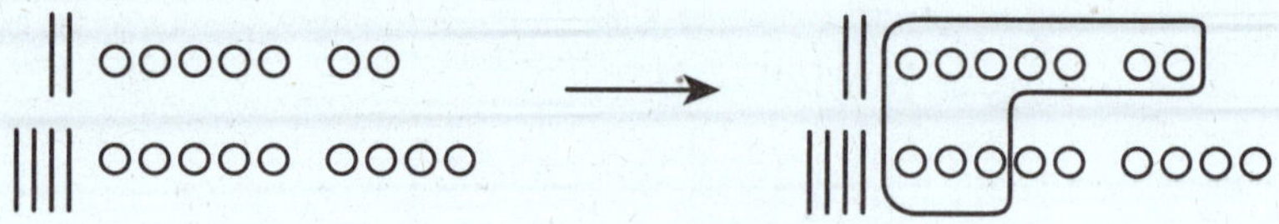

Hay varias maneras en las que los niños pueden mostrar el nuevo grupo de diez al sumar números de 2 dígitos.

- Pueden hacer la suma con un total único. El 1 que indica la nueva decena se puede escribir abajo o arriba de la columna de las decenas. Escribirlo abajo hace que la suma sea más fácil porque la nueva decena se suma después de sumar los dos números que ya estaban allí. Además, los niños pueden ver el 16 que obtuvieron de 7 y 9 porque el 1 y el 6 están más juntos que cuando la nueva decena estaba escrita arriba.

27 + 49 (1 abajo) 76	**nueva decena abajo**

1 27 + 49 76	**nueva decena arriba**

- Pueden hacer totales separados para decenas y para unidades. Muchos estudiantes de primer grado prefieren trabajar de izquierda a derecha porque así leen. Suman las decenas (20 + 40 = 60) y luego las unidades (7 + 9 = 16). El último paso es sumar ambos totales (60 + 16 = 76).

27 + 49 60 16 76	27 + 49 16 60 76
de izquierda a derecha	**de derecha a izquierda**

Es posible que su niño use uno de estos métodos al hacer la tarea.

Atentamente,
El maestro de su niño

Nombre ______________________________

Dibuja círculos para mostrar las manzanas.

Tío David
28 manzanas

Coloca aquí las manzanas adicionales.

Tía Sarah
16 manzanas

Coloca aquí las manzanas adicionales.

Manzanas en total

Coloca aquí las manzanas adicionales.

Dibuja círculos para mostrar las manzanas.

Tío David
26 manzanas

Coloca aquí las manzanas adicionales.

Tía Sarah
20 manzanas

Manzanas en total

Coloca aquí las manzanas adicionales.

Comprobar la comprensión

Haz un dibujo de palitos y círculos para resolver 65 + 29.

Nombre ______________________________

1. Trabajen en parejas. Cada niño elige un manzano.
2. En sus MathBoards o en un papel, sumen el número de manzanas en los dos árboles.
3. Revisen si ambos obtuvieron la misma respuesta.
4. Repitan con otros árboles.

5. Trabajen en parejas. Un niño elige un manzano con un número de 2 dígitos. El otro niño elige otro árbol.

6. En sus MathBoards o en un papel, sumen las manzanas en los dos árboles.

7. Revisen si ambos obtuvieron la misma respuesta.

Comprobar la comprensión

Usa el método de Grupo nuevo abajo para resolver 55 + 36.

Nombre ______________________________

Escribe los números para mostrar la suma.

1

36 → 30 + 6

55 → 50 + 5

  36 = 30 + 6
+ 55 = 50 + 5

☐ + ☐ = ☐

2

54 → 50 + 4

38 → 30 + 8

  54 = 50 + 4
+ 38 = 30 + 8

☐ + ☐ = ☐

Escribe los números para mostrar la suma.

3 Mark construyó una torre con 67 bloques. Elizabeth construyó una torre con 18 bloques. ¿Cuántos bloques usaron en total?

Paso 1: Suma las decenas.

$$\begin{array}{r} 67 \\ +\ 18 \\ \hline \end{array}$$

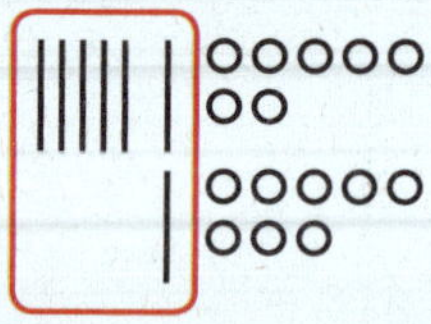

Paso 2: Suma las unidades.

$$\begin{array}{r} 67 \\ +\ 18 \\ \hline 70 \end{array}$$

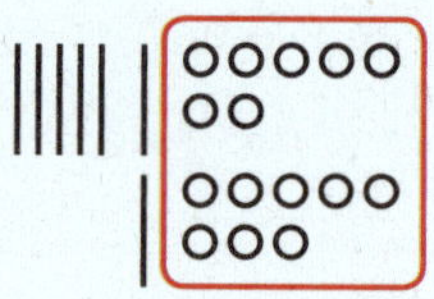

Paso 3: Suma los totales juntos.

$$\begin{array}{r} 67 \\ +\ 18 \\ \hline 70 \\ 15 \\ \hline \end{array}$$

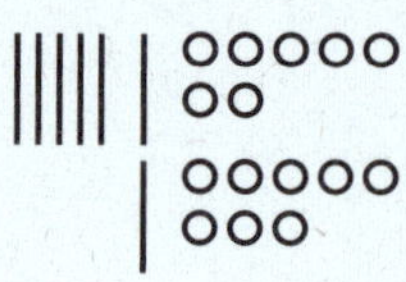

Comprobar la comprensión

Usa el método de mostrar todos los totales y haz un dibujo de prueba para resolver 63 + 28.

Nombre ____________________

1. Trabajen en parejas. Cada niño elige un duraznero.
2. En sus MathBoard o en un papel, sumen el número de duraznos en los dos árboles.
3. Revisen si ambos obtuvieron la misma respuesta.
4. Repitan con otros árboles.
5. ¿Para qué problemas formaron una decena nueva?

Suma.

6 $\begin{array}{r} 53 \\ +\ 38 \\ \hline \end{array}$

7 $\begin{array}{r} 16 \\ +\ 6 \\ \hline \end{array}$

8 $\begin{array}{r} 67 \\ +\ 15 \\ \hline \end{array}$

9 $\begin{array}{r} 72 \\ +\ 20 \\ \hline \end{array}$

10 $\begin{array}{r} 56 \\ +\ 13 \\ \hline \end{array}$

11 $\begin{array}{r} 47 \\ +\ 30 \\ \hline \end{array}$

12 $\begin{array}{r} 48 \\ +\ 5 \\ \hline \end{array}$

13 $\begin{array}{r} 82 \\ +\ 14 \\ \hline \end{array}$

14 $\begin{array}{r} 17 \\ +\ 2 \\ \hline \end{array}$

Escribe la forma vertical. Luego, suma.

15 65 + 8

16 56 + 28

17 6 + 73

Comprobar la comprensión

Usa dos métodos diferentes para resolver 15 + 18.

Nombre ____________________

Suma.

1. $$\begin{array}{r} 93 \\ +\ \ 6 \\ \hline \end{array}$$

2. $$\begin{array}{r} 28 \\ +\ 18 \\ \hline \end{array}$$

3. $$\begin{array}{r} 66 \\ +\ \ 7 \\ \hline \end{array}$$

4. $$\begin{array}{r} 49 \\ +\ 30 \\ \hline \end{array}$$

5. $$\begin{array}{r} 56 \\ +\ 25 \\ \hline \end{array}$$

6. $$\begin{array}{r} 15 \\ +\ \ 4 \\ \hline \end{array}$$

Escribe la forma vertical. Luego, suma.

7. 71 + 19

8. 54 + 20

9. 33 + 29

10. 44 + 4

11. 8 + 74

12. 19 + 67

13 Observa lo que escribió el Pingüino Confundido.

$$\begin{array}{r} 43 \\ +\ 39 \\ \hline 712 \end{array}$$

14 Ayuda al Pingüino Confundido.

$$\begin{array}{r} 43 \\ +\ 39 \\ \hline \end{array}$$

Camino al conocimiento **Suma.**

1. 5 + 2 = ☐
2. 7 + 1 = ☐
3. 3 + 2 = ☐
4. ☐ = 8 + 2
5. ☐ = 3 + 6
6. ☐ = 4 + 3
7. 5 + 1 = ☐
8. 6 + 2 = ☐
9. 5 + 3 = ☐
10. ☐ = 7 + 2
11. ☐ = 4 + 2
12. ☐ = 2 + 1

Comprobar la comprensión

Escribe 26 + 18 como forma vertical y resuelve.

Nombre ____________________________________

Usa las imágenes para resolver. Muestra tu trabajo.

1 ¿Cuántas papas hay?

☐ papas

2 ¿Cuántos cartones de leche hay?

☐ cartones de leche

3 Se derramaron 20 cartones de leche. ¿Cuántos cartones de leche hay ahora?

☐ cartones de leche

Usa las imágenes para resolver. Muestra tu trabajo.

4 ¿Cuántos frascos de miel hay?

☐ frascos de miel

5 ¿Cuántos frascos de jalea hay?

☐ frascos de jalea

6 Compara el número de frascos de miel al número de frascos de jalea. Escribe la comparación de 2 maneras.

☐ ◯ ☐

☐ ◯ ☐

Prueba rápida 1 de la Unidad 8

Nombre ______________________ Fecha ______________

Suma.

1.
$$\begin{array}{r} 27 \\ +\ \ 5 \\ \hline \end{array}$$

2.
$$\begin{array}{r} 43 \\ +\ 30 \\ \hline \end{array}$$

3.
$$\begin{array}{r} 58 \\ +\ 26 \\ \hline \end{array}$$

Escribe la forma vertical. Luego, suma.

4. 29 + 34

---

5. 38 + 6

Nombre ______________________ Fecha ______

Camino al conocimiento

Suma.

1. $2 + 2 = \square$
2. $3 + 3 = \square$
3. $1 + 3 = \square$
4. $3 + 2 = \square$
5. $4 + 3 = \square$
6. $1 + 7 = \square$
7. $2 + 4 = \square$
8. $4 + 6 = \square$
9. $6 + 2 = \square$
10. $7 + 2 = \square$
11. $5 + 4 = \square$
12. $7 + 3 = \square$
13. $\square = 3 + 5$
14. $\square = 2 + 8$
15. $\square = 5 + 4$

Repaso/Prueba de la Unidad 8 Nombre ______ Fecha ______

Resuelve. Agrupa unidades para formar decenas.

1 Grace tiene 18 manzanas. Jake tiene 24 manzanas.

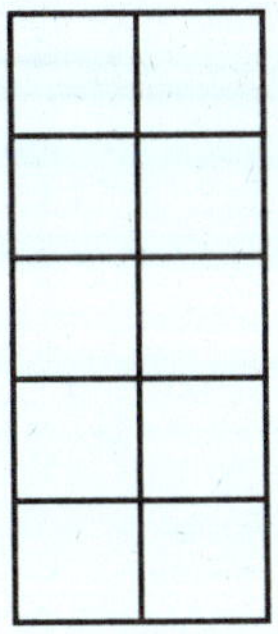

manzanas adicionales

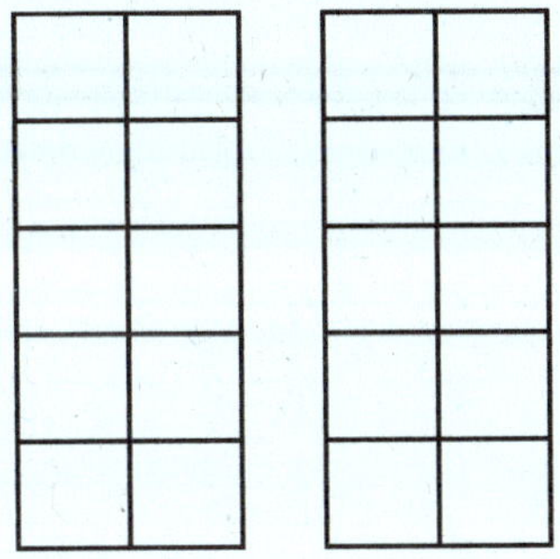

manzanas adicionales

¿Cuántas manzanas tienen?

manzanas adicionales

☐ ______
rótulo

2 ¿Es correcto el total? Elige Sí o No.

45 + 20 = 47 ○ Sí ○ No

30 + 25 = 55 ○ Sí ○ No

79 + 10 = 89 ○ Sí ○ No

14 + 50 = 74 ○ Sí ○ No

Repaso/Prueba de la Unidad 8 Nombre ______________________ Fecha __________

Suma.

3. $\begin{array}{r} 63 \\ +\ 29 \\ \hline \end{array}$

4. $\begin{array}{r} 52 \\ +\ 20 \\ \hline \end{array}$

5. $\begin{array}{r} 78 \\ +\ \ 5 \\ \hline \end{array}$

6. $\begin{array}{r} 26 \\ +\ 15 \\ \hline \end{array}$

Escribe la forma vertical. Luego, suma.

7. 28 + 9

8. 45 + 18

9. Elige los totales iguales a 55.

○ 51 + 4 ○ 46 + 9 ○ 34 + 22 ○ 35 + 20

10. Elige los totales iguales a 84.

○ 35 + 49 ○ 34 + 44 ○ 42 + 42 ○ 50 + 34

 Nombre ______ Fecha ______

11 ¿Cuántas manzanas hay?
Muestra tu trabajo.

☐ ______
rótulo

Elige la respuesta correcta.

12 57 + 15

- ○ 62
- ○ 68
- ○ 72
- ○ 82

13 51 + 40

- ○ 55
- ○ 71
- ○ 91
- ○ 95

Nombre ____________________ Fecha ____________

14 ¿Cuántos duraznos hay?
Muestra tu trabajo.

☐ ____________________
rótulo

---

15 Escribe un ejercicio de suma en el que debas formar una decena nueva para resolver. Usa dos números de 2 dígitos. Haz un dibujo de prueba.

Nombre ______________________

¿Cuántas peras?

Algunos amigos recogen peras.

Elige uno de los siguientes números para cada ○.
Usa cada número una sola vez.

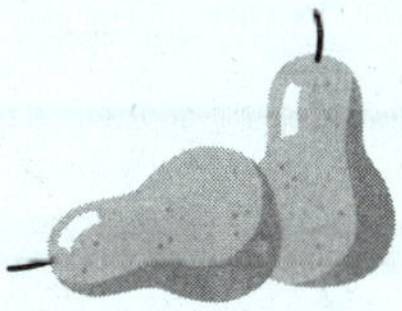

9 16 27 35

1 Lisa recoge más peras que Rena. Juntas recogieron 36 peras. ¿Cuántas recogió cada niña?

Lisa recogió ○ peras.

Rena recogió ○ peras.

Muestra cómo lo sabes.

2 Luis y Tran recogen ○ peras. Luego, recogen 20 peras más. ¿Cuál es el número total de peras que recogieron?

☐ peras

Muestra cómo lo sabes.

3 Maya recoge ○ peras. Vinny recoge 15 peras. ¿Cuántas peras recogieron en total?

☐ peras

Muestra cómo lo sabes.

 Nombre ______________________

¿Cuántas peras? (continuación)

4 Jamal recoge 38 peras. Su abuela recoge 24 peras. ¿Cuántas peras recogieron juntos?

Muestra e indica cómo lo sabes.

☐ peras

5 Maya recoge 25 peras. Alex recoge 19 peras. Quieren calcular cuántas peras recogieron juntos. Observa el total.

$$\begin{array}{r} 25 \\ +\ 19 \\ \hline \not{314} \end{array}$$

Indica por qué el total no es correcto. Calcula el total correcto.

Tipos de problemas de suma y resta

	Resultado desconocido	Cambio desconocido	Comienzo desconocido
Sumar a	Seis niños juegan corre que te toco en el patio. Llegan 3 niños más a jugar. ¿Cuántos niños juegan en el patio ahora? *Ecuación de la situación y de la solución*[1]*:* $6 + 3 = \square$	Seis niños juegan corre que te toco en el patio. Llegan otros niños más a jugar. Ahora hay 9 niños en el patio. ¿Cuántos niños llegaron a jugar? *Ecuación de la situación:* $6 + \square = 9$ *Ecuación de la solución:* $9 - 6 = \square$	Algunos niños juegan corre que te toco en el patio. Llegan 3 niños más a jugar. Ahora hay 9 niños en el patio. ¿Cuántos niños había en el patio al comienzo? *Ecuación de la situación:* $\square + 3 = 9$ *Ecuación de la solución:* $9 - 3 = \square$
Restar de	Jake tiene 10 tarjetas de intercambio. Le regala 3 a su hermano. ¿Cuántas tarjetas de intercambio le quedan a Jake? *Ecuación de la situación y de la solución:* $10 - 3 = \square$	Jake tiene 10 tarjetas de intercambio. Le regala algunas tarjetas a su hermano. Ahora, a Jake le quedan 7 tarjetas de intercambio. ¿Cuántas tarjetas de intercambio le regala Jake a su hermano? *Ecuación de la situación:* $10 - \square = 7$ *Ecuación de la solución:* $10 - 7 = \square$	Jake tiene algunas tarjetas de intercambio. Le regala 3 tarjetas a su hermano. Ahora, a Jake le quedan 7 tarjetas de intercambio. ¿Con cuántas tarjetas de intercambio comenzó Jake? *Ecuación de la situación:* $\square - 3 = 7$ *Ecuación de la solución:* $7 + 3 = \square$

[1]Una ecuación de la situación representa la estructura (la acción) en un problema. Una ecuación de la solución muestra la operación que se usó para calcular el resultado.

Tipos de problemas de suma y resta (continuación)

Juntar/separar

Total desconocido

Hay 9 rosas rojas y 4 rosas amarillas en un florero. ¿Cuántas rosas hay en el florero?

Dibujo matemático[2]:

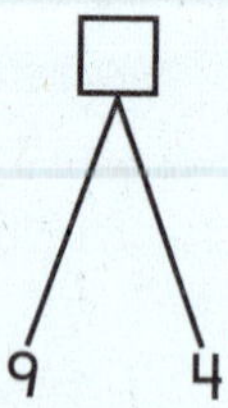

Ecuación de la situación y de la solución:

$9 + 4 = \square$

Sumando desconocido

Hay 13 rosas en un florero. 9 de las rosas son rojas y el resto son amarillas. ¿Cuántas rosas amarillas hay?

Dibujo matemático:

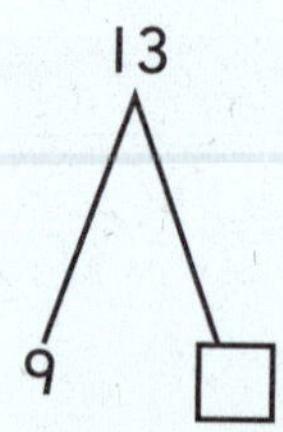

Ecuación de la situación:

$13 = 9 + \square$

Ecuación de la solución:

$13 - 9 = \square$

Otro sumando desconocido

Hay trece rosas en el florero. Algunas son rojas y 4 son amarillas. ¿Cuántas son rojas?

Dibujo matemático:

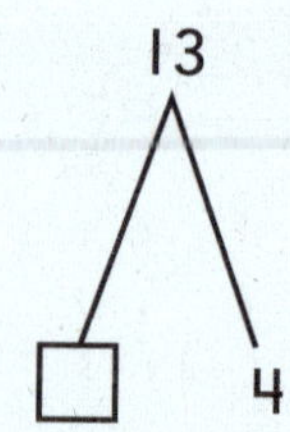

Ecuación de la situación:

$13 = \square + 4$

Ecuación de la solución:

$13 - 4 = \square$

Ambos sumandos desconocidos es una extensión productiva de esta situación básica, especialmente para números pequeños menores o iguales a 10. Estas situaciones de separación se pueden usar para mostrar todas las descomposiciones de un número dado. Las ecuaciones asociadas, que tienen el total a la izquierda del signo igual, ayudan a los estudiantes a entender que el signo = no siempre significa *forma* o *resulta en*, pero siempre significa que *es el mismo número que*.

Ambos sumandos desconocidos

Ana tiene 13 rosas. ¿Cuántas puso en su florero rojo y cuántas puso en el florero azul?

Dibujo matemático:

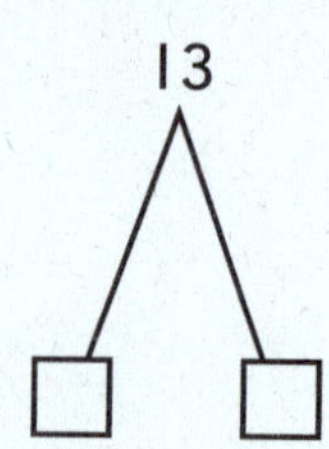

Ecuación de la situación:

$13 = \square + \square$

[2]Estos dibujos matemáticos se conocen como Montañas matemáticas en los grados 1 al 3 y dibujos de separación en los grados 4 y 5.

Tipos de problemas de suma y resta (continuación)

	Diferencia desconocida	Desconocido más grande	Desconocido más pequeño
Comparar[3]	Aki tiene 8 manzanas. Sofía tiene 14 manzanas. ¿Cuántas manzanas más tiene Sofía que Aki? Aki tiene 8 manzanas. Sofía tiene 14 manzanas. ¿Cuántas manzanas menos tiene Aki que Sofía? *Dibujo matemático:* 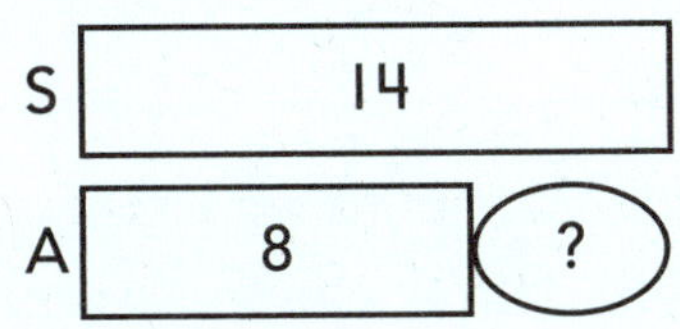 *Ecuación de la situación:* $8 + \square = 14$ *Ecuación de la solución:* $14 - 8 = \square$	**Lenguaje directo** Aki tiene 8 manzanas. Sofia tiene 6 manzanas más que Aki. ¿Cuántas manzanas tiene Sofía? **Lenguaje engañoso** Aki tiene 8 manzanas. Aki tiene 6 manzanas menos que Sofía. ¿Cuántas manzanas tiene Sofía? *Dibujo matemático:* 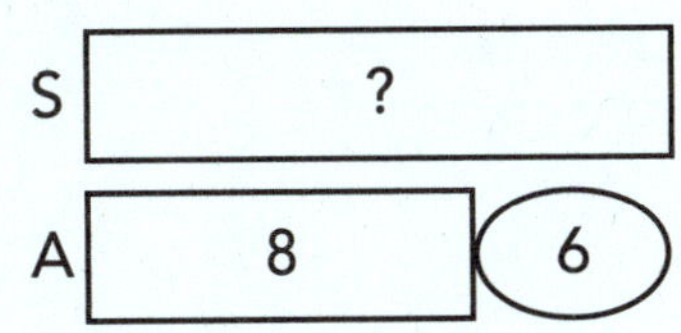 *Ecuación de la situación y de la solución:* $8 + 6 = \square$	**Lenguaje directo** Sofía tiene 14 manzanas. Aki tiene 6 manzanas menos que Sofía. ¿Cuántas manzanas tiene Aki? **Lenguaje engañoso** Sofía tiene 14 manzanas. Sofía tiene 6 manzanas más que Aki. ¿Cuántas manzanas tiene Aki? *Dibujo matemático:* 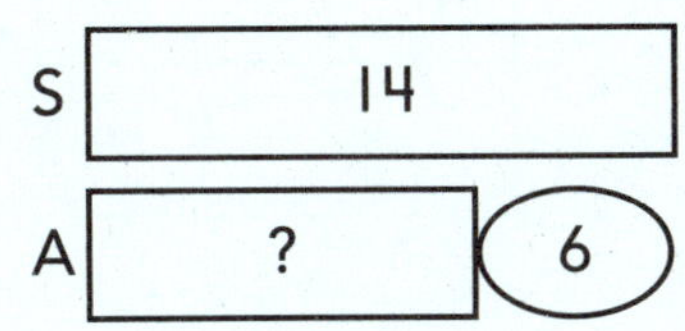 *Ecuación de la situación:* $\square + 6 = 14$ *Ecuación de la solución:* $14 - 6 = \square$

[3]Una oración comparativa siempre se puede formular de dos maneras: Una utiliza *más* y la otra utiliza *menos*. El lenguaje engañoso sugiere la operación equivocada. Por ejemplo, dice que Aki tiene 6 manzanas menos que Sofía, pero hay que sumar 6 a las 8 manzanas de Aki para obtener 14 manzanas.

A

arista

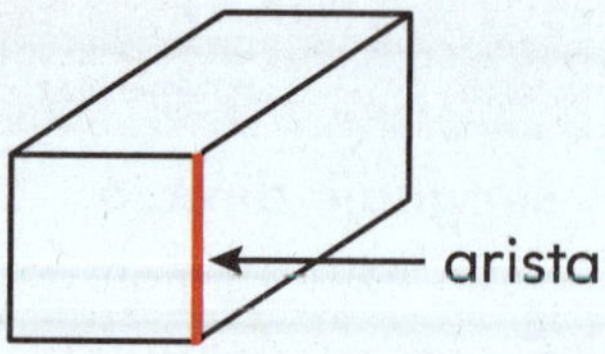

B

barras de comparación*

Joe tiene 6 rosas; Sasha tiene 9. ¿Cuántas rosas más que Joe tiene Sasha?

C

cambiar las partes*

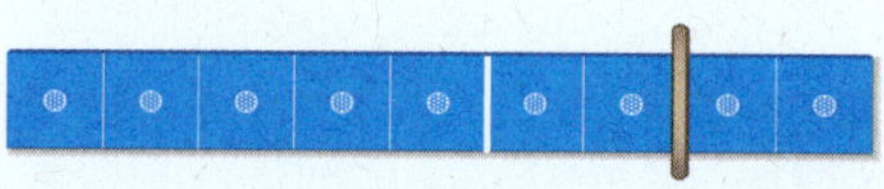 7 + 2

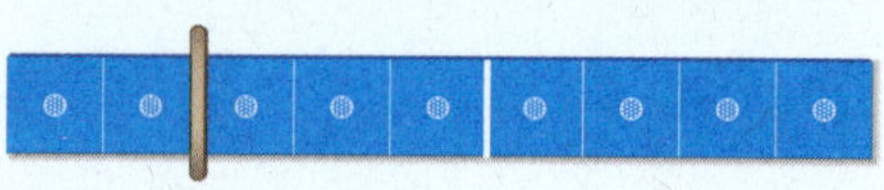 2 + 7

cara

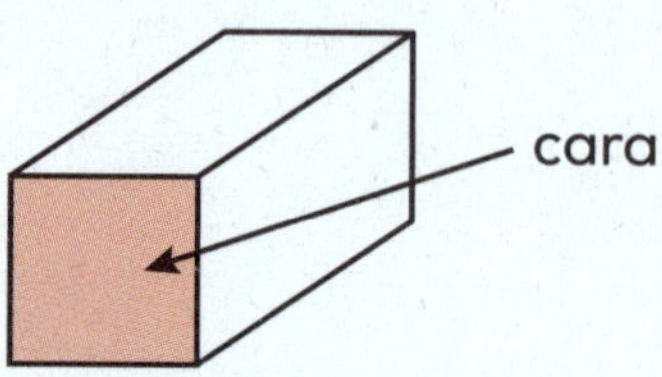

casa de partes*

9
5 + 4
6 + 3
3 + 6
4 + 5
7 + 2
8 + 1
2 + 7
1 + 8

centavos (¢)

El número de centavos es el valor de una moneda o un conjunto de monedas.

7 centavos

centena

1	11	21	31	41	51	61	71	81	91
2	12	22	32	42	52	62	72	82	92
3	13	23	33	43	53	63	73	83	93
4	14	24	34	44	54	64	74	84	94
5	15	25	35	45	55	65	75	85	95
6	16	26	36	46	56	66	76	86	96
7	17	27	37	47	57	67	77	87	97
8	18	28	38	48	58	68	78	88	98
9	19	29	39	49	59	69	79	89	99
10	20	30	40	50	60	70	80	90	100

o

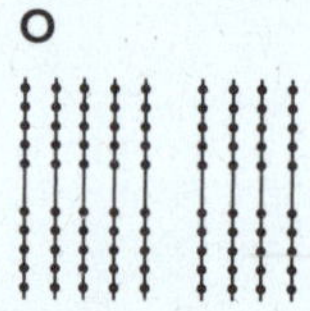

*Término basado en investigaciones escolares y desarrollado para *Expresiones en matemáticas.*

cero

Hay **cero** manzanas en el plato.

cilindro

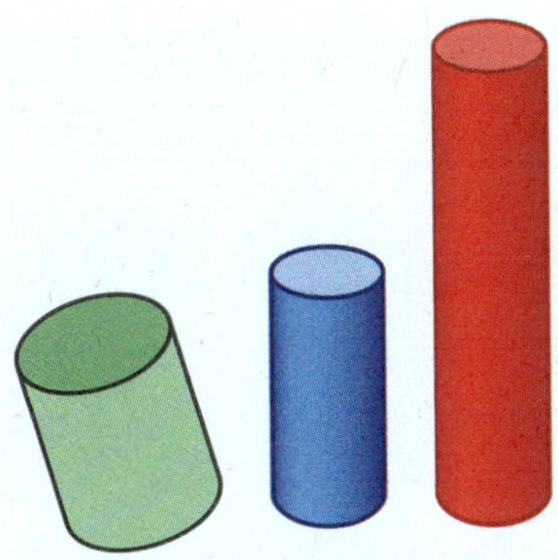

círculo

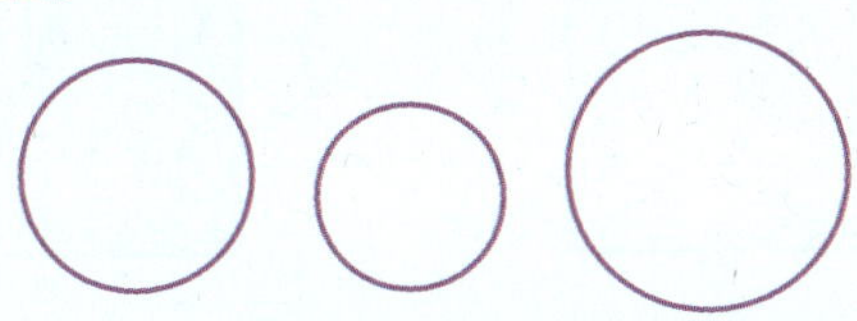

columna

1	11	21	31	41	51	61	71	81	91
2	12	22	32	42	52	62	72	82	92
3	13	23	33	43	53	63	73	83	93
4	14	24	34	44	54	64	74	84	94
5	15	25	35	45	55	65	75	85	95
6	16	26	36	46	56	66	76	86	96
7	17	27	37	47	57	67	77	87	97
8	18	28	38	48	58	68	78	88	98
9	19	29	39	49	59	69	79	89	99
10	20	30	40	50	60	70	80	90	100

comparar

Puedes **comparar** números.

11 es menor que 12.

$11 < 12$

12 es mayor que 11.

$12 > 11$

Puedes **comparar** objetos según su longitud.

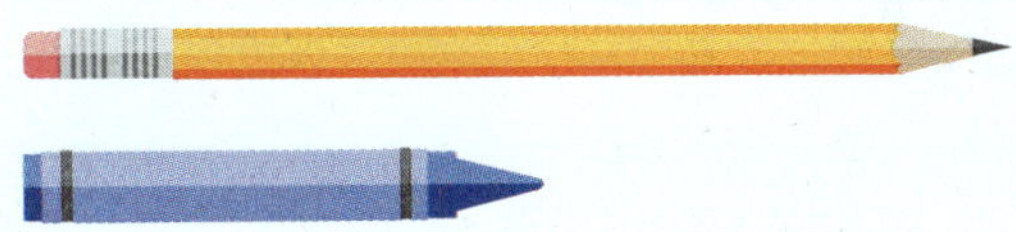

El crayón es más corto que el lápiz.

El lápiz es más largo que el crayón.

cono

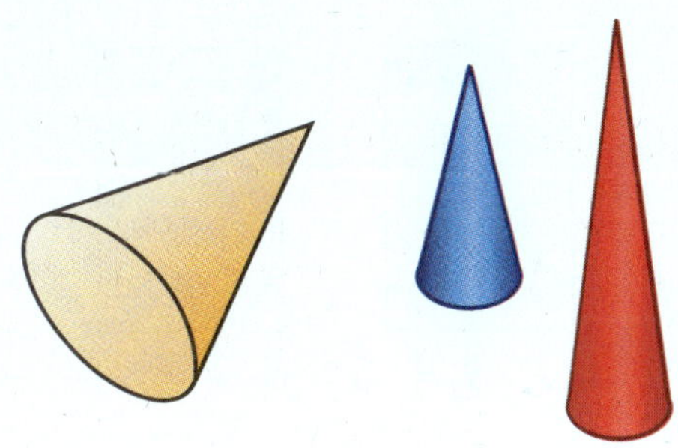

contar

*Término basado en investigaciones escolares y desarrollado para *Expresiones en matemáticas.*

contar hacia adelante

5 + 4 = 9

5 + 4 = 9

9 − 5 = 4

5 6 7 8 9

Contar hacia adelante a partir del 5 para obtener la respuesta.

contar todo

5 + 4 = 9

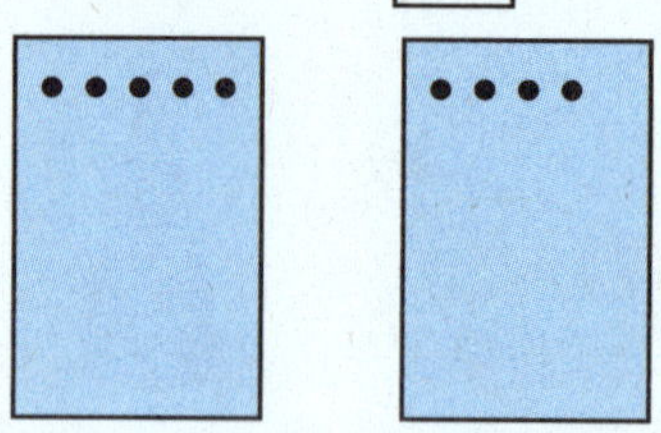

1 2 3 4 5 6 7 8 9

cuadrado

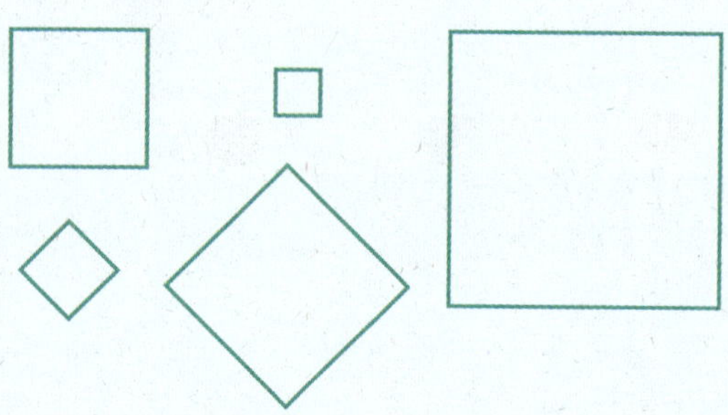

cuadrícula

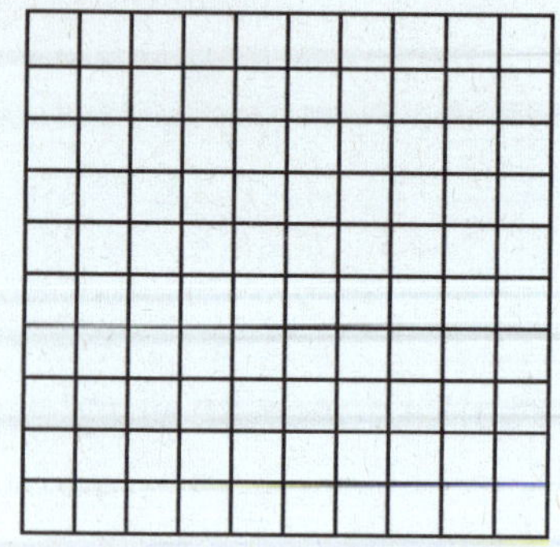

cuartos

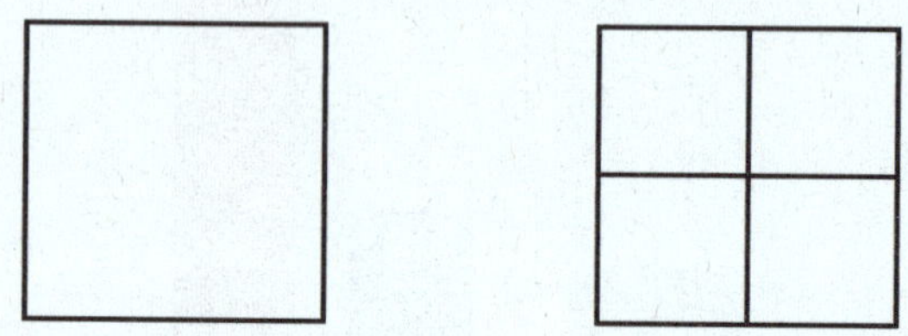

1 entero

4 **cuartos**

cubo

D

datos

Colores en la bolsa										
Rojo	○	○	○							
Amarillo	○	○	○	○	○	○	○	○		
Azul	○	○	○	○	○	○				

Los **datos** muestran cuántos hay de cada color.

*Término basado en investigaciones escolares y desarrollado para *Expresiones en matemáticas.*

decenas

56 tiene 5 **decenas**.

dibujo de círculos*

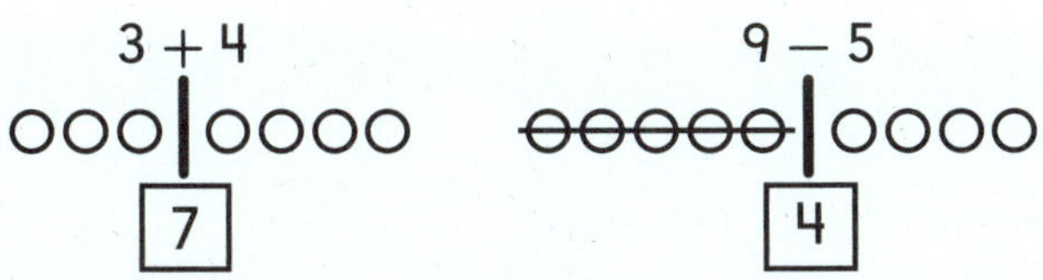

dibujo de prueba*

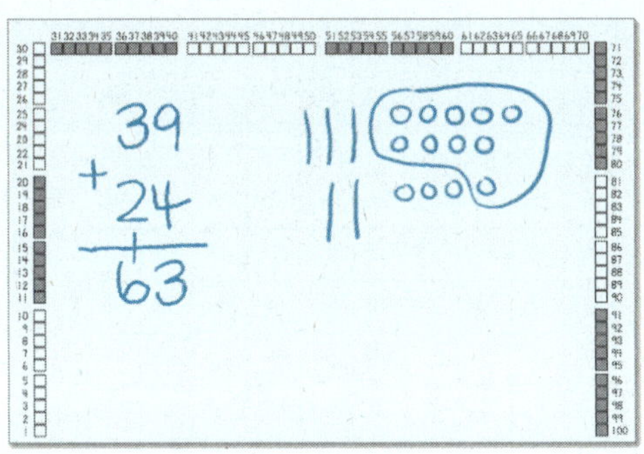

diferencia

$11 - 3 = 8$

$$\begin{array}{r} 11 \\ -\ 3 \\ \hline 8 \end{array}$$

diferencia

dígito

15 es un número de 2 **dígitos**.

El 1 en 15 significa 1 decena.

El 5 en 15 significa 5 unidades.

dobles

$4 + 4 = 8$

Ambas partes son iguales; son dobles.

dobles más 1

$6 + 6 = 12$; por lo tanto,

$6 + 7 = 13$, 1 más que 12.

dobles más 2

$6 + 6 = 12$, por lo tanto

$6 + 8 = 14$, 2 más que 12.

dobles menos 1

$7 + 7 = 14$, por lo tanto

$7 + 6 = 13$, 1 menos que 14.

dobles menos 2

$7 + 7 = 14$, por lo tanto

$7 + 5 = 12$, 2 menos que 14.

E

ecuación

$4 + 3 = 7$ $7 = 4 + 3$

$9 - 5 = 4$ $4 = 9 - 5$

el más corto

El clip es **el más corto**.

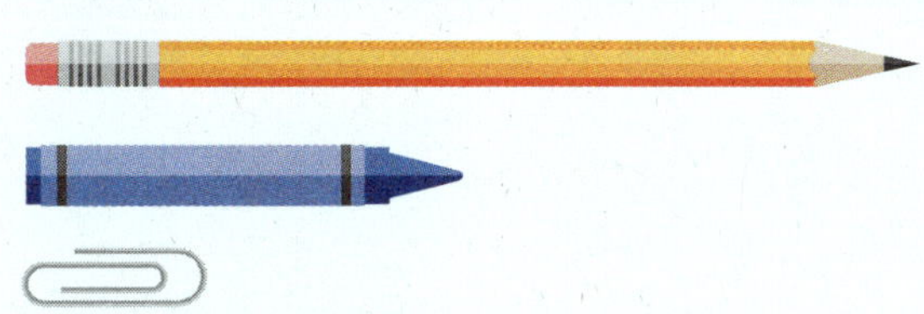

*Término basado en investigaciones escolares y desarrollado para *Expresiones en matemáticas*.

el más largo

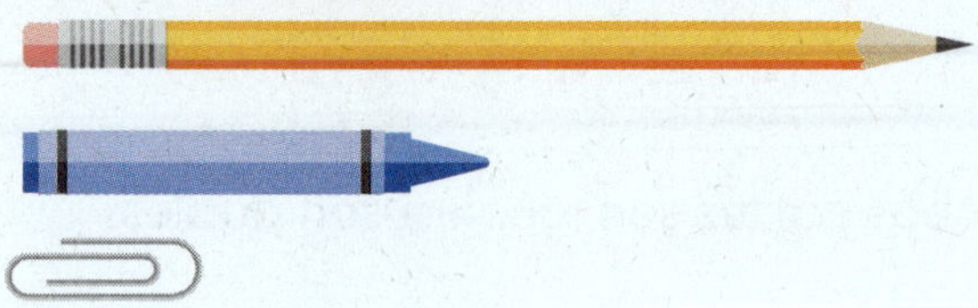

El lápiz es **el más largo**.

esfera

esquina

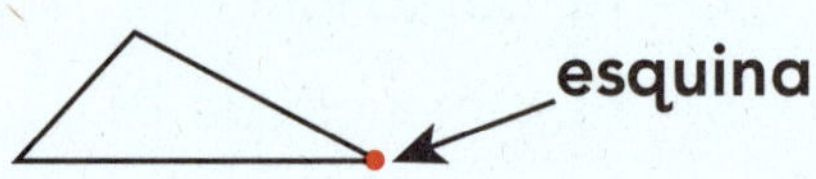

esquina cuadrada

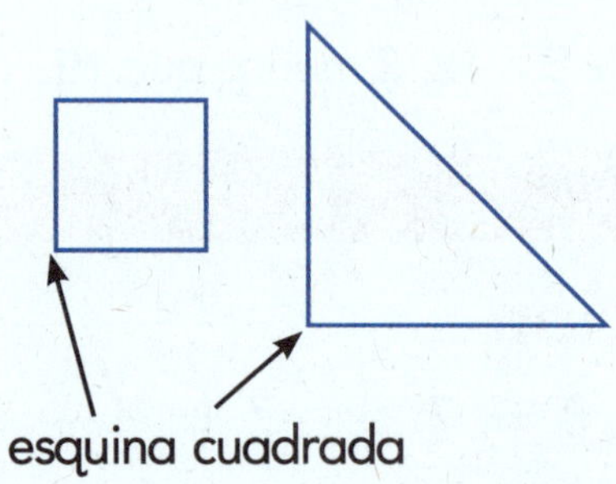

F

figuras

bidimensional tridimensional

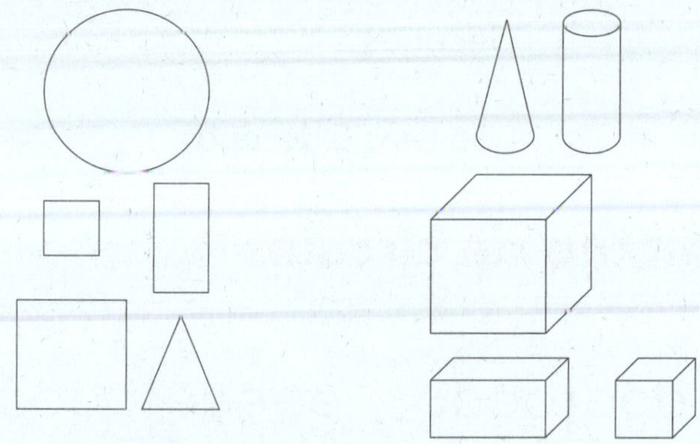

fila

1	11	21	31	41	51	61	71	81	91
2	12	22	32	42	52	62	72	82	92
3	13	23	33	43	53	63	73	83	93
4	14	24	34	44	54	64	74	84	94
5	15	25	35	45	55	65	75	85	95
6	16	26	36	46	56	66	76	86	96
7	17	27	37	47	57	67	77	87	97
8	18	28	38	48	58	68	78	88	98
9	19	29	39	49	59	69	79	89	99
10	20	30	40	50	60	70	80	90	100

forma vertical

$$\begin{array}{r} 6 \\ +\,3 \\ \hline 9 \end{array} \qquad \begin{array}{r} 9 \\ -\,3 \\ \hline 6 \end{array}$$

formar diez

$8 + 6 = \square$

(8 OO) OOOO

$10 + 4 = 14$,

por lo tanto, $8 + 6 = 14$.

*Término basado en investigaciones escolares y desarrollado para *Expresiones en matemáticas*.

G

gráfica de barras

Vegetales que nos gustan						
Zanahorias	■	■	■			
Maíz	■	■	■	■	■	
Pimientos	■	■				
0	1	2	3	4	5	6

grupo de 10

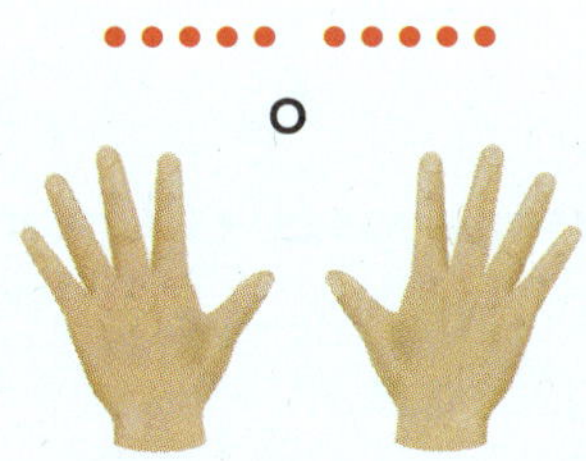

grupo de 5*

H

hexágono

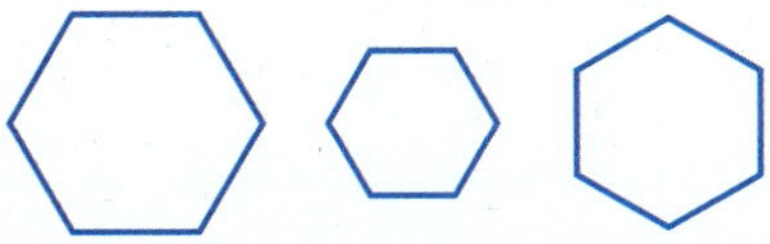

hora

Una **hora** tiene 60 minutos.

horario

I

igual a (=)

4 + 4 = 8

4 más 4 es **igual a** 8.

L

la mayor cantidad

Vanilla puso **la mayor cantidad** de huevos.

*Término basado en investigaciones escolares y desarrollado para *Expresiones en matemáticas.*

la menor cantidad

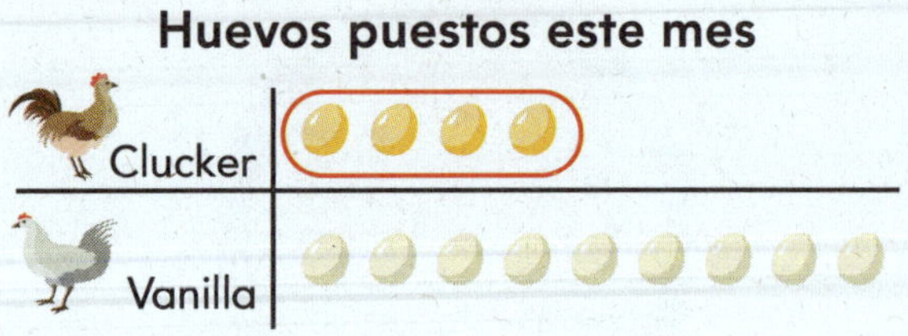

Clucker puso **la menor cantidad** de huevos.

lado

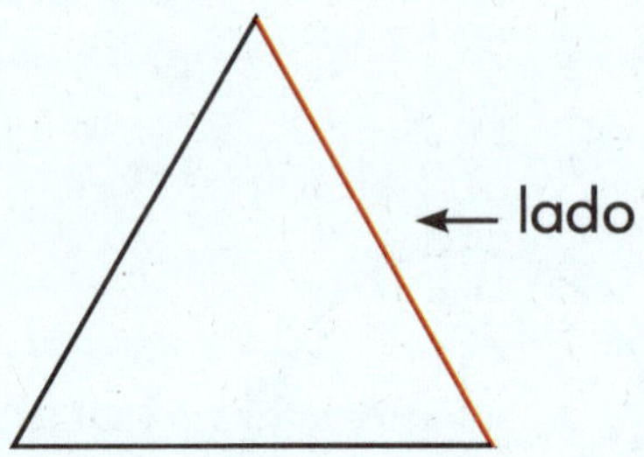

longitud

La **longitud** del lápiz es de 6 clips.

M

marca de conteo

Vegetales	Marcas de conteo	Número
Zanahorias	卌	5
Maíz	||||	4
Pimientos	卌 ||	7

más (+)

$3 + 2 = 5$

$$\begin{array}{r} 3 \\ +\ 2 \\ \hline 5 \end{array}$$

3 **más** 2 es igual a 5.

más

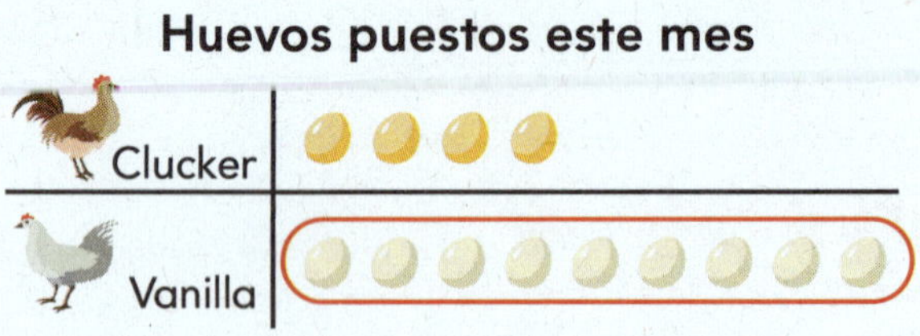

Vanilla puso **más** huevos que Clucker.

más corto

El crayón es **más corto** que el lápiz.

más largo

El lápiz es **más largo** que el crayón.

matriz de puntos

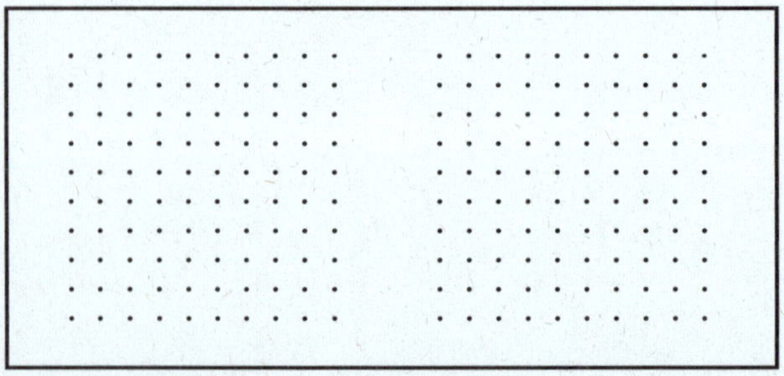

*Término basado en investigaciones escolares y desarrollado para *Expresiones en matemáticas.*

mayor que (>)

34 > 25

34 es **mayor que** 25.

media hora

Media hora son 30 minutos.

medir

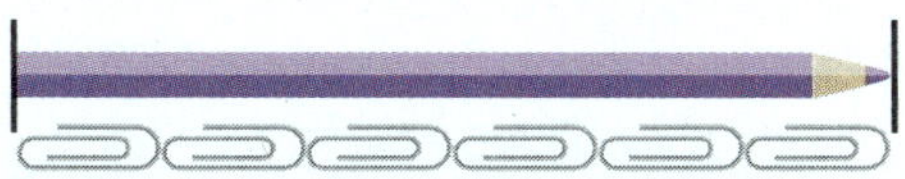

Puedes usar clips para **medir** la longitud del lápiz.

menor que (<)

45 < 46

45 es **menor que** 46.

menos (–)

8 – 3 = 5

$$\begin{array}{r} 8 \\ -\ 3 \\ \hline 5 \end{array}$$

8 **menos** 3 es igual a 5.

menos

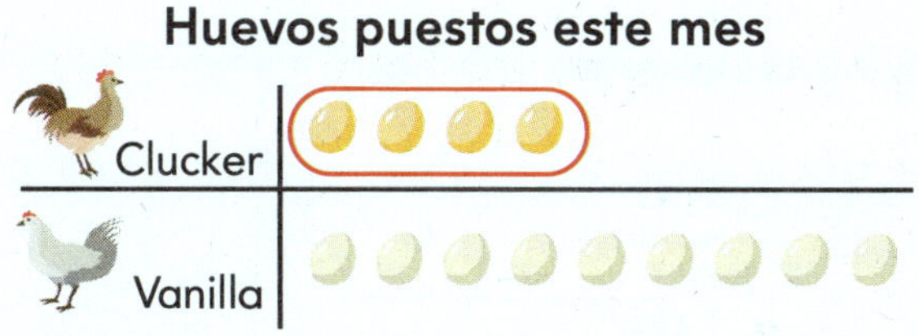

Clucker puso **menos** huevos que Vanilla.

método de mostrar todos los totales*

$$\begin{array}{r} 25 \\ +\ 48 \\ \hline 60 \\ 13 \\ \hline 73 \end{array}$$

método del grupo nuevo abajo*

$$\begin{array}{r} 56 \\ +\ 28 \\ \hline {}^{1}84 \end{array}$$

6 + 8 = 14

El 1 en la decena nueva en 14 baja al lugar de las decenas.

método del grupo nuevo arriba*

$$\begin{array}{r} {}^{1}56 \\ +\ 28 \\ \hline 84 \end{array}$$

6 + 8 = 14

El 1 en la decena nueva en 14 sube al lugar de las decenas.

*Término basado en investigaciones escolares y desarrollado para *Expresiones en matemáticas.*

minuto

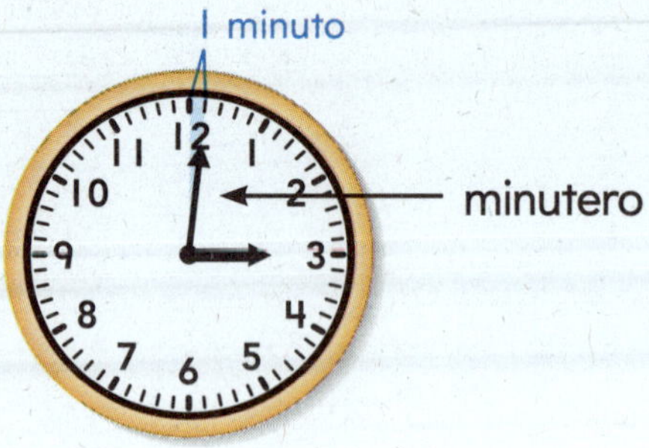

Hay 60 **minutos** en una hora.

mitad de

La **mitad de** la figura está sombreada.

mitades

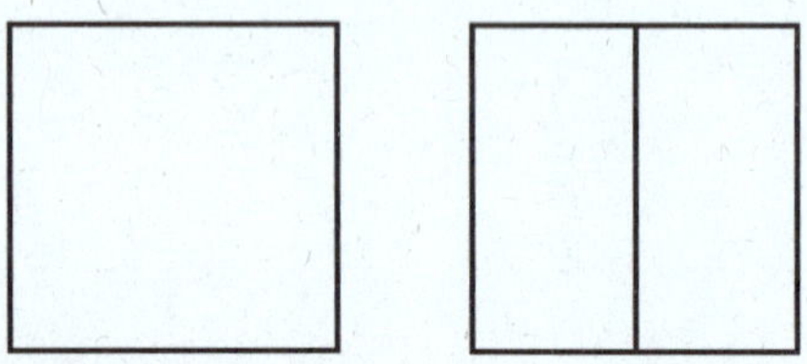

1 entero 2 **mitades**

moneda de 1¢

frente reverso

1 centavo o 1¢

moneda de 10¢

frente reverso

10 centavos o 10¢

moneda de 25¢

frente reverso

25 centavos o 25¢

moneda de 5¢

frente reverso

5 centavos o 5¢

Montaña matemática*

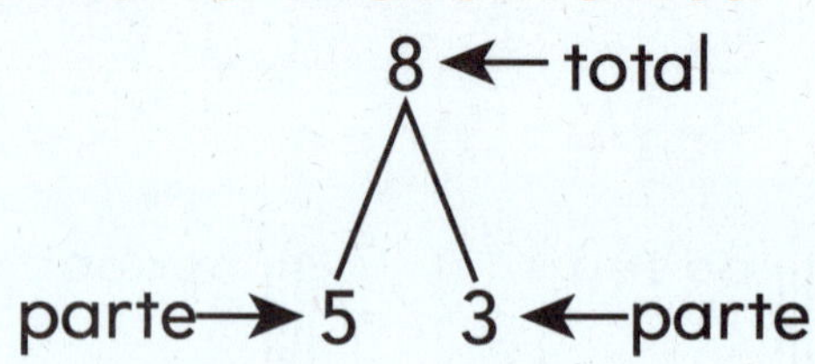

*Término basado en investigaciones escolares y desarrollado para *Expresiones en matemáticas.*

N

no es igual a (≠)

$6 \neq 8$

6 **no es igual a** 8.

número del 11 al 19

11 12 13 14 15 16 17 18 19

números del 11 al 19

número en palabras

12

doce ← número en palabras

números terminados en cero

10, 20, 30, 40, 50, 60, 70, 80, 90

O

orden/ordenar

Puedes cambiar el **orden** de las partes.

$7 + 2 = 9$

$2 + 7 = 9$

Puedes **ordenar** objetos por sus longitudes.

ordenar

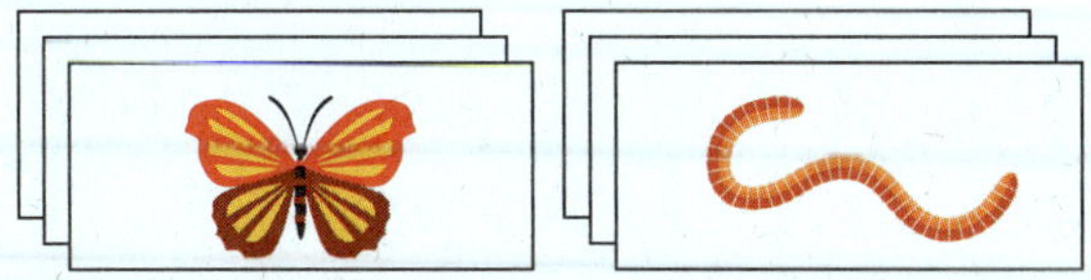

Puedes **ordenar** los animales en grupos.

P

palito de 10*

Puedes representar 32 con **tres palitos de 10** y dos unidades.

palitos y círculos*

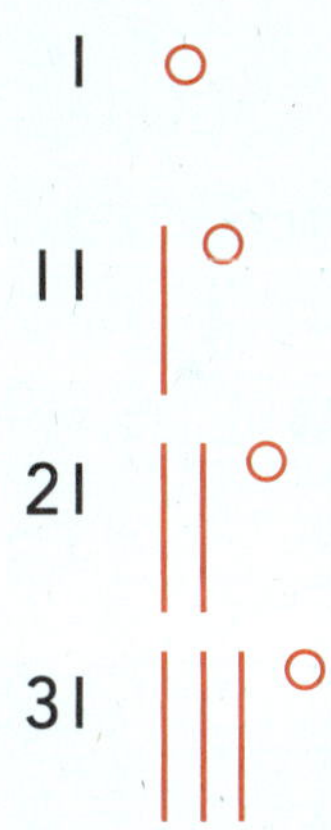

parte*

$5 = 2 + 3$

2 y 3 son **partes** de 5.

parte conocida*

$5 + \square = 7$

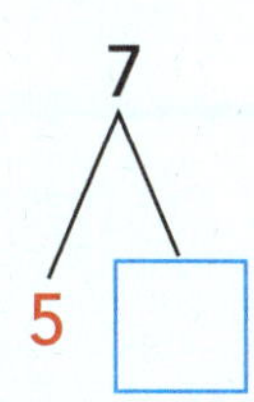

5 es la **parte conocida**.

*Término basado en investigaciones escolares y desarrollado para *Expresiones en matemáticas*.

parte desconocida*

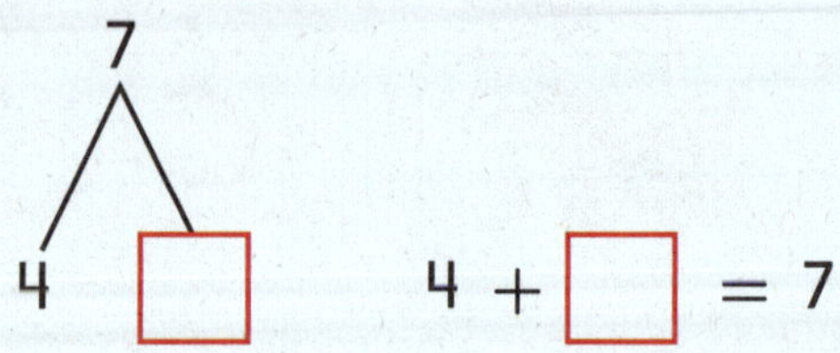

partes iguales

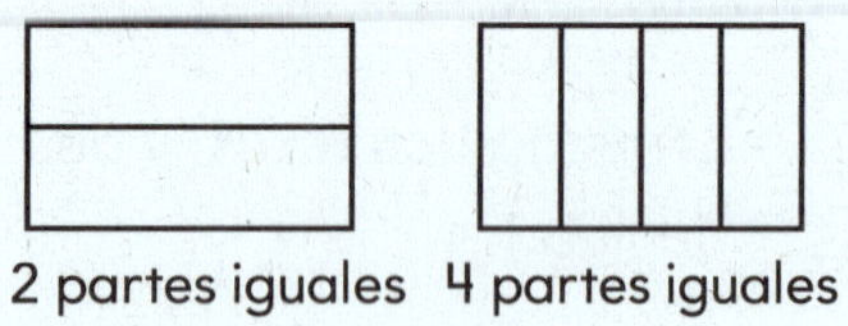

Se muestran **partes iguales**.

patrón

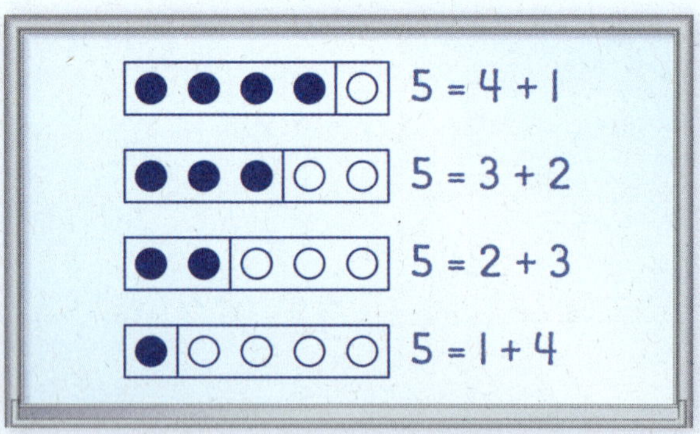

Las partes de un número muestran un **patrón**.

patrón de aumento

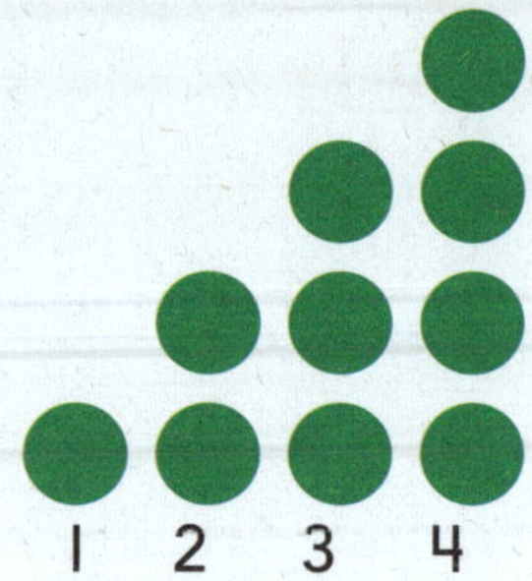

patrón de disminución

patrón que se repite

prisma rectangular

problema de suma

Hay 5 patos.
Luego, se acercan 3 más.
¿Cuántos patos hay ahora?

*Término basado en investigaciones escolares y desarrollado para *Expresiones en matemáticas*.

problemas de resta

Hay 8 moscas en un tronco.
Una rana se come 6.
¿Cuántas moscas quedan?

R

recta numérica

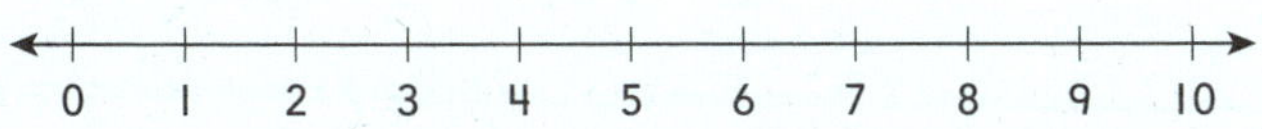

rectángulo

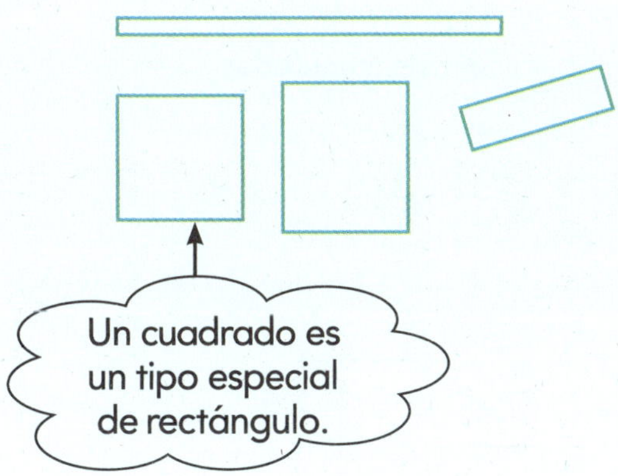

reloj

reloj analógico

reloj digital

restar

$8 - 3 = 5$

S

separar*

Puedes **separar** el número 4.

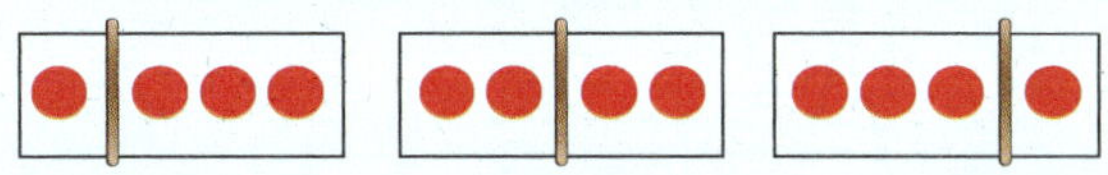

1 y 3 2 y 2 3 y 1

1 y 3, 2 y 2; y 3 y 1 son separaciones de 4.

suma

$3 + 2 = 5$

sumando

$5 + 4 = 9$ — sumandos (partes)

$5 + 4 + 8 = 17$ — sumandos

T

total

$4 + 3 = 7$ — total

$$\begin{array}{r} 4 \\ +\,3 \\ \hline 7 \end{array}$$

*Término basado en investigaciones escolares y desarrollado para *Expresiones en matemáticas.*

total del 11 al 19*

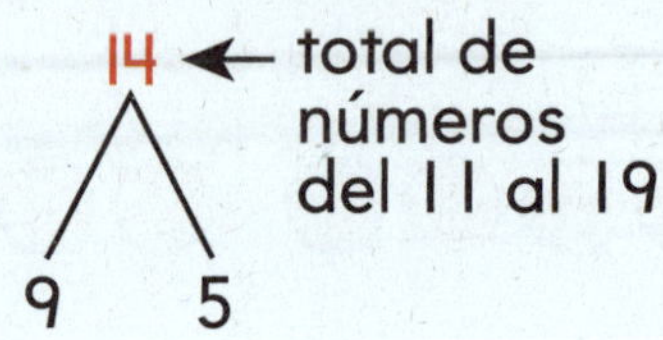

total desconocido*

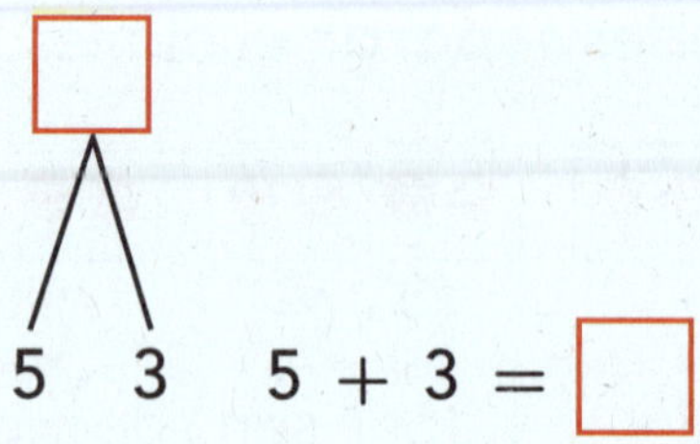

trapecio

tren de partes*

tren del 4

triángulo

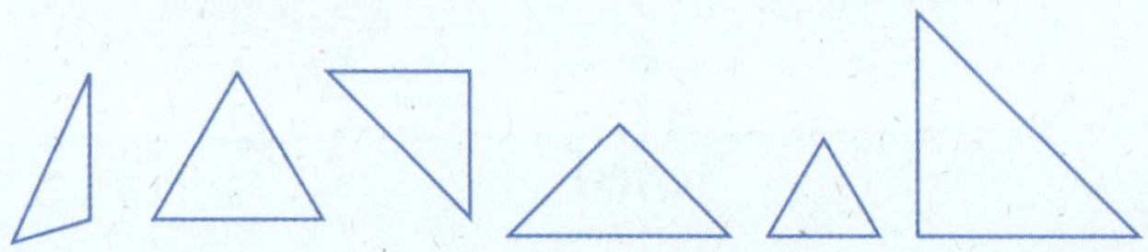

U

un cuarto de

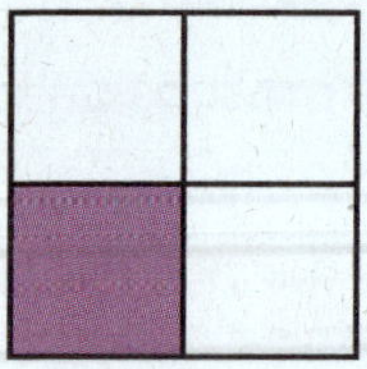

Un **cuarto de** la figura está sombreado.

unidades

56 tiene 6 **unidades**.

V

vértice

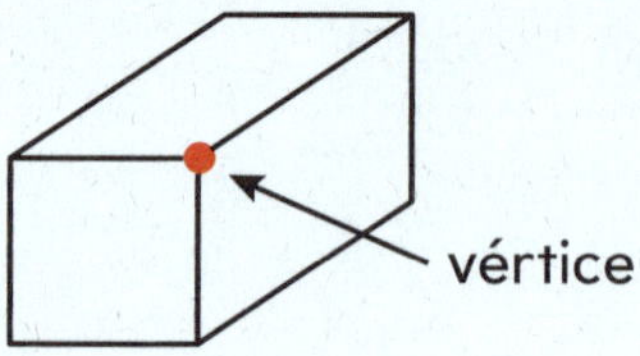

*Término basado en investigaciones escolares y desarrollado para *Expresiones en matemáticas.*

1.ARO Razonamiento y operaciones algebraicos

1.ARO.1	Resuelven problemas de suma y resta que tienen que ver con sumar, juntar, quitar, separar y comparar y que tienen cantidades desconocidas en todas las posiciones; representan problemas mediante palabras, objetos, dibujos, modelos basados en la longitud (cubos interconectados), numerales, rectas numéricas, al igual que ecuaciones con símbolos para la cantidad desconocida.	Unidad 1 Lecciones 2, 3, 4, 5, 6, 7, 8; Unidad 2 Lecciones 1, 2, 3, 4, 6, 8, 10, 11, 12, 13, 14, 15, 16; Unidad 3 Lecciones 2, 3, 4, 5, 6, 7, 8, 9, 10, 11, 12; Unidad 4 Lección 5; Unidad 5 Lecciones 1, 2, 3, 4, 5, 11; Unidad 6 Lecciones 1, 2, 3, 4, 5, 6, 7, 8, 9
1.ARO.2	Resuelven problemas de suma que impliquen tres sumandos con una suma menor que o igual a 20, representan problemas mediante el uso de objetos, imágenes u otros métodos y ecuaciones que tengan un símbolo para la cantidad desconocida.	Unidad 5 Lecciones 6, 11; Unidad 6 Lecciones 1, 4, 5, 9
1.ARO.3	Suman y restan mediante el uso de las propiedades de las operaciones.	Unidad 1 Lecciones 3, 4, 5, 6, 7, 8, 9; Unidad 2 Lecciones 7, 8, 9, 13; Unidad 3 Lección 5; Unidad 4 Lecciones 5, 10; Unidad 5 Lecciones 4, 6
1.ARO.4	Comprenden que un problema de resta se puede ver como una situación con un sumando desconocido.	Unidad 3 Lecciones 6, 7, 8, 9, 10, 12; Unidad 5 Lecciones 2, 5, 10
1.ARO.5	Reconocen la relación entre la suma-resta y conteo y comprenden que las estrategias de conteo se pueden usar para sumar y restar.	Unidad 1 Lecciones 1, 2, 3, 4, 9; Unidad 2 Lecciones 5, 6, 7, 8, 9; Unidad 3 Lecciones 1, 3, 4, 6, 7, 11; Unidad 4 Lecciones 1, 4, 5, 7, 15, 16, 17; Unidad 5 Lecciones 1, 2, 4

1.ARO.6	Suman y restan hasta el 10 con facilidad. Saben sumar y restar hasta el 20 usando estrategias como: para la suma: *contar hacia adelante; formar diez* (ejemplo: $7 + 5 = 7 + 3 + 2$, por lo tanto $7 + 3 + 2 = 10 + 2$, y $10 + 2 = 12$); *hacer una suma igual más fácil* (ejemplo: $9 + 6 = ?$, piensan $9 + 1 + 5 = 10 + 5$, por lo tanto $10 + 5 = 15$; para la resta: *descomponer un número para obtener diez* (ejemplo: $17 - 8 = 17 - 7 - 1$, piensan $17 - 7 = 10$ y $10 - 1 = 9$); *usan una suma relacionada para restar* (ejemplo: si saben que $5 + 6 = 11$, entonces pueden calcular $11 - 5 = 6$).	Unidad 1 Lecciones 3, 4, 5, 6, 7, 8, 9; Unidad 2 Lecciones 1, 2, 3, 5, 6, 7, 8, 9, 10, 11, 12, 13, 14, 15, 16; Unidad 3 Lecciones 1, 3, 4, 5, 6, 7, 10, 12; Unidad 4 Lecciones 4, 5, 6, 10, 15; Unidad 5 Lecciones 1, 2, 3, 4, 5, 10, 11; Unidad 6 Lecciones 3, 8; Unidad 7 Lecciones 5, 8, 13; Unidad 8 Lección 5
1.ARO.7	Entienden el significado del signo de igual; saben cuando una ecuación de suma o resta es verdadera o falsa.	Unidad 2 Lecciones 3, 4, 11, 12, 13, 16; Unidad 3 Lección 12; Unidad 5 Lección 11
1.ARO.8	Calculan el número desconocido en una ecuación de suma o resta (ejemplos: $9 + ? = 12$; $8 = ? - 5$; $7 + 2 = ?$).	Unidad 1 Lecciones 3, 4, 5, 6, 7, 8; Unidad 2 Lecciones 5, 6, 7, 8, 9, 10, 12, 13, 14, 16; Unidad 3 Lecciones 3, 4, 5, 6, 7, 8, 9, 11, 12; Unidad 4 Lecciones 4, 5, 6, 10, 13, 14, 15, 16; Unidad 5 Lecciones 1, 2, 3, 4, 5, 10; Unidad 6 Lecciones 6, 7
1.ARO.9	Crean patrones simples mediante el uso de objetos, imágenes, números y reglas. Identifican reglas posibles para completar o extender patrones. Los patrones pueden ser repetitivos, de aumento o disminución. Pueden usar calculadoras para crear o explorar patrones.	Unidad 1 Lecciones 10, 11; Unidad 5 Lección 9

1.PVO Valor posicional y operaciones

1.PVO.1	Cuentan, con o sin objetos, hacia adelante o hacia atrás hasta 120, comenzando por cualquier número menor que 120. Para la secuencia de números hasta 120, leen y escriben los numerales correspondientes; representan un grupo de manipulativos con un numeral escrito, suma y resta, imágenes, marcas de conteo, rectas numéricas y manipulativos, como los palitos y los bloques de base 10. Cuentan salteado de 2 en 2, de 5 en 5 y de 10 en 10.	Unidad 4 Lecciones 1, 2, 7, 8, 9, 10, 11, 15, 16, 18; Unidad 5 Lecciones 7, 8, 9; Unidad 6 Lecciones 4, 5

1.PVO.2	Comprenden que en un número de dos dígitos el dígito a la derecha representa las unidades y el dígito de la izquierda representa las decenas.	Unidad 4 Lecciones 1, 2, 3, 4, 7, 8, 9, 10, 11, 12, 13, 14, 16, 17, 18; Unidad 5 Lecciones 7, 8, 9; Unidad 8 Lección 1
1.PVO.2.a	Comprenden que 10 se puede ver como un grupo de diez unidades llamado *decena.*	Unidad 4 Lecciones 1, 2, 3, 4, 9, 10, 16, 18; Unidad 5 Lecciones 8, 10; Unidad 8 Lección 1
1.PVO.2.b	Comprenden que los números del 11 al 19 están formados por una decena y una unidad del uno al nueve.	Unidad 4 Lecciones 2, 3, 4, 5, 8, 10; Unidad 5 Lección 8
1.PVO.2.c	Entienden que los números que terminan en cero del 10 al 90 representan de una a nueve decenas y cero unidades.	Unidad 4 Lecciones 1, 7, 8, 9, 13, 14, 18; Unidad 5 Lección 10; Unidad 8 Lección 1
1.PVO.3	Aplican el concepto del valor posicional para comparar dos números de dos dígitos mediante el uso de los símbolos >, < y =.	Unidad 4 Lecciones 3, 12, 16; Unidad 8 Lección 6
1.PVO.4	Suman números hasta el 100, como un número de dos dígitos y uno de un dígito o un número de dos dígitos y un múltiplo de diez. Comprenden que los grupos de objetos o dibujos y las estrategias se pueden usar para calcular sumas (ejemplos de estrategias: *la relación entre la suma y la resta, valor posicional, propiedades de las operaciones*) y explican cómo se relacionan la estrategia y los resultados anotados. Entienden que para sumar números de dos dígitos, se suman las unidades a las unidades y las decenas a las decenas y, en algunos casos, diez unidades pueden resultar en una decena.	Unidad 4 Lecciones 9, 10, 11, 13, 14, 16, 17, 18; Unidad 5 Lecciones 9, 10, 11; Unidad 8 Lecciones 1, 2, 3, 4, 5, 6
1.PVO.5	Usan el cálculo mental para calcular un número que sea 10 más o 10 menos que un número de dos dígitos (sin contar) y explican su razonamiento para hallar ese resultado.	Unidad 5 Lecciones 8, 9
1.PVO.6	Para los números del 10 al 90, restan múltiplos de 10 que dan diferencias entre 0 y 80. Usan grupos de objetos o imágenes y las estrategias para restar. Las estrategias pueden incluir conceptos de valor posicional, la relación entre la suma y la resta y las propiedades de las operaciones. Explican cómo se relacionan las estrategias y los resultados anotados.	Unidad 5 Lecciones 9, 10, 11; Unidad 8 Lección 6

1.MDA Medición y análisis de datos

1.MDA.1	Comparan para ordenar tres objetos según su longitud. Comparan las longitudes de dos objetos mediante un tercer objeto (comparación indirecta).	Unidad 7 Lecciones 12, 14
1.MDA.2	Saben la longitud de un objeto al colocar unidades más pequeñas del mismo tamaño de punta a punta a lo largo del objeto, sin que queden espacios o se sobrepongan. Comprenden que la longitud de un objeto es el número de unidades del mismo tamaño que se usaron. (Nota: el número de unidades de longitud no debe ser más largo que el objeto que se está midiendo.)	Unidad 7 Lecciones 13, 14
1.MDA.3	Usan relojes digitales y analógicos para expresar la hora de forma oral y escrita en términos de hora y media hora.	Unidad 7 Lecciones 1, 2, 3, 4, 5, 14
1.MDA.4	Organizan, representan e interpretan datos con hasta tres categorías mediante el uso de pictografías, gráficas de barras y tablas de conteo. Formulan preguntas y respuestas sobre cuánto hay en un conjunto de datos y cuánto hay en cada categoría. Comparan el número en una categoría con el número en otra categoría.	Unidad 6 Lecciones 1, 2, 3, 4, 5, 9
1.MDA.5	Reconocen e identifican monedas (de 1¢, 5¢, 10¢ y 25¢) y su valor y usan el símbolo de ¢ (centavo) correctamente.	Unidad 2 Lección 7; Unidad 4 Lecciones 8, 19, 20
1.MDA.6	Conocen los valores comparativos de todas las monedas de los EE.UU. (ejemplo: una moneda de 10¢ vale más que una moneda de 5¢). Calculan los valores equivalentes (ejemplo: una moneda de 5¢ equivale a 5 monedas de 1¢). Resuelven problemas y usan los valores de las monedas en las soluciones de los problemas.	Unidad 2 Lección 7; Unidad 4 Lecciones 8, 19, 20
1.MDA.7	Estudian las monedas de 5¢ y de 1¢ y su relación con los conceptos de valor posicional.	Unidad 4 Lecciones 8, 19, 20

1. GSR Geometría y razonamiento espacial

1.GSR.1	Comprenden la diferencia entre los atributos que definen a una figura (ejemplos: un cuadrado tiene 4 lados de igual longitud y 4 vértices) y los atributos que no definen a una figura (ejemplos: tamaño, color, posición). Construyen y dibujan figuras geométricas de acuerdo a los atributos que las definen mediante el uso de materiales concretos y lápiz y papel.	Unidad 7 Lecciones 6, 7, 8, 9, 10
1.GSR.2	Elaboran figuras geométricas compuestas mediante la unión de figuras bidimensionales (triángulos, cuadrados, rectángulos, trapecios, medios círculos y cuartos de círculos) o figuras tridimensionales (cubos, prismas rectangulares, cilindros y conos), luego forman figuras nuevas a partir de la figura compuesta.	Unidad 7 Lecciones 9, 10, 11
1.GSR.3	Separan rectángulos y círculos en dos o cuatro partes iguales, y usan las palabras *cuartos* y *mitades* y las frases *mitad de* y *cuarto de* para identificar partes del mismo tamaño. Usan los términos "dos de" y "cuatro de" para describir el número de partes iguales en el entero. Comprenden que cuando una figura se separa en más partes iguales, el tamaño de las partes es más pequeño.	Unidad 7 Lecciones 8, 9, 14

MPP1	
Resolución de problemas	Unidad 1 Lecciones 2, 3, 4, 6, 8, 9, 10, 11 Unidad 2 Lecciones 1, 2, 3, 4, 6, 7, 8, 9, 10, 13, 14, 16 Unidad 3 Lecciones 1, 2, 3, 4, 6, 7, 8, 9, 10, 11, 12 Unidad 4 Lecciones 2, 3, 5, 10, 18, 19, 20 Unidad 5 Lecciones 1, 2, 3, 4, 5, 6, 9, 11 Unidad 6 Lecciones 1, 2, 4, 5, 6, 7, 8, 9 Unidad 7 Lecciones 8, 12, 14 Unidad 8 Lecciones 1, 3, 4, 6
MPP2	
Razonamiento abstracto y cuantitativo	Unidad 1 Lecciones 3, 4, 5, 6, 7, 8, 9 Unidad 2 Lecciones 1, 2, 3, 4, 6, 10, 11, 12, 13, 15, 16 Unidad 3 Lecciones 3, 5, 6, 12 Unidad 4 Lecciones 1, 3, 4, 6, 7, 8, 9, 10, 11, 12, 14, 15, 16, 17, 18, 19 Unidad 5 Lecciones 1, 2, 3, 4, 5, 9, 10, 11 Unidad 6 Lecciones 1, 2, 3, 5, 6, 8, 9 Unidad 7 Lecciones 8, 9, 14 Unidad 8 Lecciones 1, 2, 3, 4, 5,6
MPP3	
Aplicación y evaluación del razonamiento lógico	Unidad 1 Lecciones 1, 2, 3, 4, 5, 6, 7, 8, 9, 10 Unidad 2 Lecciones 1, 2, 3, 4, 6, 7, 8, 9, 10, 11, 12, 13, 14, 16 Unidad 3 Lecciones 2, 3, 4, 6, 7, 8, 9, 10, 11, 12 Unidad 4 Lecciones 1, 2, 3, 4, 5, 6, 7, 8, 9, 10, 11, 12, 13, 14, 15, 16, 17, 18, 19, 20 Unidad 5 Lecciones 1, 2, 3, 4, 5, 6, 7, 8, 9, 10, 11 Unidad 6 Lecciones 1, 2, 3, 4, 5, 6, 7, 8, 9 Unidad 7 Lecciones 1, 2, 3, 4, 5, 6, 7, 8, 9, 10, 11, 12, 13, 14 Unidad 8 Lecciones 1, 2, 3, 4, 5, 6
MPP4	
Modelos matemáticos	Unidad 1 Lecciones 2, 3, 9 Unidad 2 Lecciones 1, 2, 6, 10, 13, 16 Unidad 3 Lecciones 1, 2, 5, 6, 7, 8, 9, 10, 11, 12 Unidad 4 Lecciones 2, 3, 4, 5, 10, 18, 19, 20 Unidad 5 Lecciones 1, 2, 3, 4, 6, 8, 9, 11 Unidad 6 Lecciones 2, 3, 4, 5, 6, 7, 8, 9 Unidad 7 Lecciones 3, 8, 12, 14 Unidad 8 Lecciones 1, 2, 3, 6

MPP5	
Utilización de recursos matemáticos	Unidad 1 Lecciones 1, 2, 3, 4, 5, 6, 7, 8, 9 Unidad 2 Lecciones 5, 6, 7, 8, 16 Unidad 3 Lecciones 1, 2, 3, 4, 7, 11 Unidad 4 Lecciones 1, 2, 3, 4, 5, 6, 7, 8, 9, 10, 11, 12, 13, 14, 16, 17, 18, 19 Unidad 5 Lecciones 1, 2, 6, 7, 8, 9, 10, 11 Unidad 6 Lecciones 3, 4, 5, 8, 9 Unidad 7 Lecciones 1, 2, 5, 6, 7, 8, 9, 10, 11, 12, 13, 14 Unidad 8 Lecciones 2, 3, 6
MPP6	
Utilización de lenguaje matemático exacto	Unidad 1 Lecciones 1, 2, 3, 4, 5, 6, 7, 8, 9, 10 Unidad 2 Lecciones 1, 3, 4, 5, 6, 7, 8, 9, 10, 11, 12, 13, 14, 16 Unidad 3 Lecciones 1, 2, 3, 4, 5, 6, 7, 8, 9, 10, 11, 12 Unidad 4 Lecciones 1, 2, 3, 4, 5, 6, 7, 8, 9, 10, 11, 12, 13, 14, 15, 16, 17, 18, 19, 20 Unidad 5 Lecciones 1, 2, 3, 4, 5, 6, 7, 8, 9, 10, 11 Unidad 6 Lecciones 1, 2, 3, 4, 5, 6, 7, 8, 9 Unidad 7 Lecciones 1, 2, 3, 4, 5, 6, 7, 8, 9, 10, 11, 12, 13, 14 Unidad 8 Lecciones 1, 2, 3, 4, 5, 6
MPP7	
Ver la estructura	Unidad 1 Lecciones 1, 2, 3, 4, 5, 6, 7, 8, 9, 10, 11 Unidad 2 Lecciones 13, 14, 16 Unidad 3 Lecciones 1, 3, 9, 12 Unidad 4 Lecciones 1, 2, 3, 5, 6, 7, 8, 9, 10,13, 17, 18, 19 Unidad 5 Lecciones 1, 2, 3, 5, 6, 7, 8, 9, 10, 11 Unidad 6 Lecciones 6, 8, 9 Unidad 7 Lecciones 1, 2, 3, 4, 5, 6, 7, 9, 10, 11, 14 Unidad 8 Lecciones 2, 6
MPP8	
Generalización	Unidad 1 Lecciones 1, 2, 3, 4, 5, 6, 7, 8, 9 Unidad 2 Lecciones 6, 7, 8, 11, 14, 16 Unidad 3 Lecciones 8, 9, 12 Unidad 4 Lecciones 1, 2, 5, 6, 7, 9, 10, 12, 13, 14, 15, 17, 18 Unidad 5 Lecciones 1, 2, 4, 5, 6, 7, 8, 9, 10, 11 Unidad 6 Lecciones 1, 6, 7, 9 Unidad 7 Lecciones 3, 6, 7, 8, 9, 10, 12, 14 Unidad 8 Lecciones 1, 2, 4, 6

A

B

C

D

E

F

G

J

L

M

T

Ilustrador: Josh Brill

¿Alguna vez has intentado usar figuras para dibujar animales como la rana en la portada?

En los últimos 10 años, Josh ha usado figuras geométricas para diseñar sus animales. Su objetivo es hacer diseños que sean sencillos y usar color para que sean atractivos.

Añade color a esta rana dibujada por Josh. Luego intenta dibujar un gato, un perro o algún otro animal con las figuras que ves abajo.

Caja de figuras

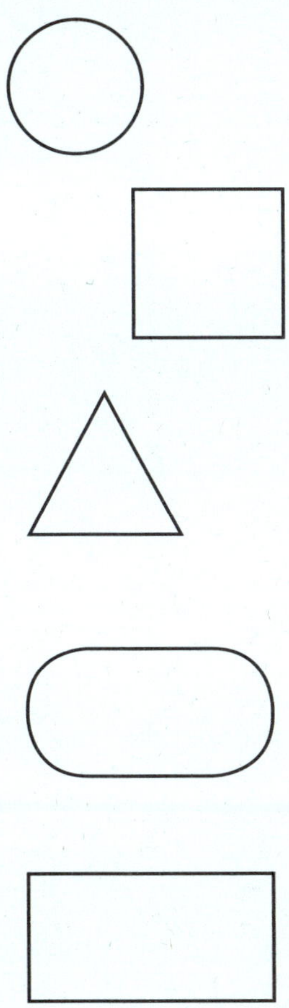

THE UNITARIAN UNIVERSALIST POCKET GUIDE

REV. DR. SOFÍA BETANCOURT, EDITOR

SEVENTH EDITION

Skinner House Books
Boston

 Published by Skinner House Books, 24 Farnsworth St., Boston, MA 02210–1409.

skinnerhouse.org

Printed in the United States

Cover design by Alex Camlin, inspired by a stained glass window designed by Kat Liu
Back cover photo by EyeImagery
Text design by Tim Holtz

Print ISBN: 978-1-55896-967-4
Ebook ISBN: 978-1-55896-968-1

5 4 3 2 1
30 29 28 27 26 25

An earlier version of "Beloved" by Victoria Safford was published in *Love at the Center: Unitarian Universalist Theologies*, edited by Sofía Betancourt.